क़श्क़ा खींचा दैर में बैठा

फ़रहत एहसास

क़श्क़ा खींचा
दैर में बैठा

फ़रहत एहसास

चयन और संकलन

संजीव सराफ़

सालिम सलीम

BOOKS
राजकमल प्रकाशन

रेख़्ता बुक्स

बी-37, सेक्टर-1, नोएडा
उत्तर प्रदेश-201301

rekhtabooks@rekha.org
www.rekhtabooks.com
www.rajkamalprakashan.com

क़श्क़ा खींचा दैर में बैठा

फ़रहत एहसास

संकलन
संजीव सराफ़
सालिम सलीम

ISBN 978-93-91080-77-8

प्रथम संस्करण : 2021
पुनर्मुद्रण : 2021

फ़ॉन्ट : योगेश यूनि
मुद्रक : थॉमसन प्रेस (इंडिया) लिमिटेड

आवरण एवं पुस्तक सज्जा:
संजीव सराफ़, मूनिस ख़ान

सहयोग राशि : ₹ 399

MIX
Paper
FSC FSC® C010615

कबीर और मीर

की

आदमी-गरी

के नाम

‘मीर’ के दीन-ओ-मज़्हब को अब पूछते क्या हो उनने तो
क़श्क़ा खींचा दैर में बैठा कब का तर्क इस्लाम किया
मीर तक़ी मीर

अल्लाह मियाँ के मश्वरे से
तर्क-ए-इस्लाम कर रहा हूँ
फ़रहत एहसास

ख़ुसूसी पेशकश

'रेख़्ता फ़ाउन्डेशन' का बुनियादी काम, उर्दू शाइ'री के शब्द और अर्थ की ख़ूबसूरती, रंग-रस, संगीत, स्पर्श और ज़ाइक़े को ज़ियादा से ज़ियादा लोगों तक पहुँचाना है। इसीलिए 'रेख़्ता' वेबसाइट पर, उर्दू शाइ'री को दुरुस्त पाठ और मे'यारी चयन के साथ देवनागरी और रोमन लिपियों में भी पेश किया गया, ताकि उर्दू लिपि न जानने वाले उर्दू दोस्त भी अपनी महबूब शाइ'री के रचना-संसार में दाख़िल हो सकें।

यही मक़्सद 'रेख़्ता बुक्स' की स्थापना का भी प्रेरणा-स्रोत रहा है, जो बुनियादी तौर पर उर्दू शाइ'री और उसके प्रेमियों के दर्मियान किताब का पुल बनाने का प्रकाशन-प्रॉजेक्ट है। रेख़्ता के मुख़्तलिफ़ शे'री संकलन, जैसे 'ग़ज़ल उसने छेड़ी', 'हर्फ़-ए-ताज़ा सीरीज़' और 'रेख़्ता नुमाइन्दा कलाम' भी इसी मक़्सद के तहत प्रकाशित किए जा रहे हैं। फ़रहत एहसास के कलाम का ये इन्तिख़ाब 'रेख़्ता बुक्स' की ख़ुसूसी पेशकश है।

फ़रहत एहसास अपने समकालीनों में एक मुम्ताज़ शाइ'र हैं। इससे पहले फ़रहत एहसास के एक दो छोटे छोटे संग्रह उर्दू लिपि में प्रकाशित हुए हैं जो किसी भी तरह उनकी कुल रचनात्मकता की नुमा-इन्दगी नहीं करते। मेरी दिली ख़्वाहिश थी कि रेख़्ता उनकी शाइ'री के तमाम रंगों पर आधारित एक संचयन प्रकाशित करे। आज से तीन बरस पहले देखे गए इस ख़्वाब की ता'बीर की शक्ल में ये किताब आपके हाथों में है। मैं इसे अपनी ख़ुश-नसीबी समझता हूँ कि उनकी शाइ'री को उसके हज़ारों पाठकों तक पहुँचाने का श्रेय मेरे हिस्से में आया। इस सफ़र में सबसे मुश्किल मर्हला फ़रहत एहसास को राज़ी करना था। उनकी तख़्लीक़ी बेनियाज़ी उन्हें अपनी शाइ'री बाज़ार तक लाने से

रोकती रही है। उन्हीं का शे'र है:

एक के बा'द एक मज्मूआ' मिरा आता रहा
और मैं शाइ'र बिचारा ग़ैर-मत्बूआ' रहा

ऐसे महत्वपूर्ण शाइ'र के कलाम का इन्तिख़ाब कर के हम ख़ुशी और फ़ख़्र महसूस करते हैं। फ़रहत एहसास की शाइ'री की तरह, उनकी ज़िन्दगी भी मेरे लिए उतनी ही पुरकशिश है। उनसे तआ'रुफ़ का अ'र्सा अगरचे अभी मुख़्तसर है लेकिन सोचने पर ऐसा लगता है कि हम बरसों के शनासा हैं। ऐसे हम-रंग और हम-मिज़ाज से मिलना मेरे लिए एक ख़ुशगवार अनुभव रहा।

फ़रहत एहसास के मिज़ाज की क़लन्दरी, बेबाकी और बज़्लासन्जी, उन्हें हरदिल-अ'ज़ीज़ बनाती है। फ़रहत एहसास की दिलचस्पियाँ सिर्फ़ शाइ'री तक सीमित नहीं हैं बल्कि संस्कृति, सभ्यता, इतिहास, धर्म-शास्त्र, अध्यात्म, मौसीक़ी और फ़लसफ़े पर उनसे बात-चीत एक रौशनी अ'ता करती है। इसके अ'लावा उन का खुला-डला तर्ज़, व्यापकता और इन्सान-दोस्ती का रवय्या मेरे लिए ज़ाती तौर पर बहुत मुतास्सिर करने वाला रहा।

ये मेरी ख़ुशबख़्ती है कि मुझे एक ऐसे शाइ'र और एक ऐसे इन्सान से मिलने, उसके साथ वक़्त गुज़ारने और उनकी शाइ'री और शख़्सियत को इतने क़रीब से जानने का मौक़ा' मिला। इन्तिख़ाब के इस अ'मल में मुझे सालिम सलीम का भरपूर सहयोग हासिल रहा है। उम्मीद है कि उर्दू शाइ'री के बाज़ौक़ पाठकों में हमारी ये पेशकश भी मक़्बूल होगी।

संजीव सराफ़

रेख़्ता फ़ाउन्डेशन

अपना बयान
हुस्न-ए-तबीअ'त नहीं मुझे

बात मुझ तक रहती तो ये किताब शायद कभी न छपती, या कम से कम अभी तो नहीं। इससे पहले भी जो कुछ छपा है, मेरी सरगर्म आमादगी से नहीं, बल्कि किसी न किसी अ'ज़ीज़, दोस्त की हाकिमाना[1] मोहब्बत या मुहिब्बाना[2] अख़्तियार[3] के तहत, इस तरह मुम्किन हुआ है कि इसे मेरे, अपने ज़ाहिर न होने पर इस्रार[4] की कशिश-ए-सुक़्ल[5] के दाएरे से बाहर ले जा कर अ'मल में लाया गया है।

मुझे जिसने शे'र कहने की सलाहियत[6] दी है, जो अब तक़रीबन चौबीस घंटे सरगर्म रहती है, शायद उसी ने शे'र कहने के बा'द इससे ला-तअ'ल्लुक़ हो जाने का मिज़ाज भी दिया है। शे'र होते ही, वो और मैं एक-दूसरे के लिए ग़ैर हो जोते हैं। शे'र लिख लेने के बा'द अक्सर कई कई दिन या कभी कभी महीनों उसे पलट कर देखने का जी नहीं करता।

गाहे-ब-गाहे[7] मुशाइ'रे में मज्बूरन या अपनी-सी महफ़िल हो तो ब-रज़ा-ओ-रग़बत[8] शरीक हो जाता हूँ, बेशतर[9] एक फ़र्ज़-ए-किफ़ाया[10] की अदाएगी के लिए। हाँ, कभी-कभी शे'र सुनाने को जी करता है, यूहीं सरशारी[11] के आ'लम[12] में, तो ख़ुशक़िस्मती से अब कम-अज़-कम देहली में, ऐसे शाइ'री-गिरफ़्ता[13], ख़ुश-विज्दान[14] और ज़िन्दा-कलाम नौजवानों और उसके अ'लावा थियेटर और मौसीक़ी वग़ैरा में सरगर्म बहुत से

---

1 अधिकार-संपन्न 2 प्रेमपूर्ण 3 अधिकार 4 जोर देना 5 गुरुत्वाकर्षण शक्ति 6 क्षमता 7 कभी कभी 8 अपनी मर्ज़ी से 9 अधिकतर 10 दूसरों की ओर से अदा किया जाने वाला कर्तव्य 11 बहुत ज़ियादा आनंद 12 हालत 13 शाइ'री के जकड़े हुए 14 सुंदर अंतर्बोध

अंगारा-ज़ेह्नों और शरारा-दिलों की एक पूरी जमाअ'त मौजूद है, जिसकी समाअ'तें[15] मेरी इस ख़्वाहिश पर महफ़िल-नवाज़ हो जाती हैं। रहे मेरे हम-उ'म्र, तो उनमें से बेशतर, बद-बख़्ती से पक्के नक़्क़ाद[16] या प्रोफ़ेसर हो चुके हैं, कि उनपर अपनी इ'ल्मियत[17] और फ़ज़्ल-ओ-कमाल[18] का इतना बोझ पड़ गया है कि उनकी ज़िन्दा-ज़ौक़ी (मज़ा लेने की ज़िन्दा सलाहियत) की कमर तक़्रीबन टूट चुकी है।

लेकिन लगता है बात किसी और तरफ़ जा निकली। ज़िक्र था शे'र कहने और सुपुर्द-ए-तहरीर[19] करने के बा'द उससे बेगाना हो जाने का, तो बात ये है कि मेरा कोई भी शे'र कभी भी हर्फ़-ए-आख़िर[20] नहीं होता, या'नी पूरी तरह बन कर ख़त्म नहीं हो जाता, बल्कि बनने और होने के अ'मल में रहता है, या'नी चाक पर ही धरा रहता है, उठा कर पक्की, तमाम-शुद[21], शक्लों की ज़ख़ीरा-गाह[22] में रखा नहीं जाता।

अब ज़ाहिर है कि इन बनती हुई, मस्नूआ'त[23] को बाज़ार भेजने का क्या जवाज़[24] है। अपने शे'र के साथ तअ'ल्लुक़[25] का एक और पहलू इसकी मिल्कियत[26] का है। सवाल ये है कि जो शे'र मुझसे होता है वो है किसका।

मेरे अन्दर, इसकी मिल्कियत के दा'वेदार बहुत से हैं:, लफ़्ज़, उनके मा'नी, क़ब्ल-ए-लफ़्ज़[27] मा'नी का ठाठें मारता समुन्दर या मा'नी-गुरेज़[28] लफ़्ज़ों का एक पूरा ख़ाना-ए-ख़ामोशी[29], तज्रबात[30], ज़बान और शे'री रिवायत[31] की जाबिराना[32] मौजूदगी और मज़ीद बहुत कुछ। इन दा'वेदारों में सबसे कमज़ोर शायद 'मैं' ही हूँ, ऐसा 'मैं' जिसे पूरी तरह पहचान

---

15 सुनने की शक्ति 16 आलोचक 17 पांडित्य 18 विद्वता की पराकाष्ठा 19 लिखना 20 अंतिम बात 21 पूरी हो चुकी 22 जमा कर के रखने की जगह 23 उत्पादों 24 औचित्य 25 संबंध 26 संपत्ति 27 शब्द-पूर्व 28 अर्थ से मुंह मोड़ने वाला 29 ख़ामोशी का घर 30 अनुभव 31 काव्य-परम्परा 32 दमनकारी

कर किसी एक जगह मौजूद पाना आसान नहीं। लेकिन चूँकि बाहर, वक़्त और मक़ाम से बनी ठोस शक्ल में, मैं, ही नज़र आता हूँ, इसलिए अपने शे'र का मालिक या हक़दार मुझे ही समझा जाता है।

अ'क़्ल भी कहती है, और पूरे दा'वे से कहती है, कि शे'र कहते हो तो उसे दूसरों तक पहुँचाते क्यों नहीं। मुझे लगता भी है कि अ'क़्ल की बात मान लेनी चाहिए। अक्सर इरादा भी बँध जाता है कि बस हो जाए, मगर फिर अन्दर से तआ'वुन[33] न मिलने के सबब[34] खंडित पड़ जाती है। फिर भी, कोशिश जारी है, और कशाकश[35] भी।

बहरहाल, बात शुरूअ' हुई थी इस किताब की इशाअ'त[36] और उस तक पहुँचने वाले मोआ'मलात की। सो इसका मुख़्तसर[37] बयान ये कि इस बार भाई संजीव सराफ़ की दोस्ताना, बिरादराना मोहब्बत सरगर्म हुई जिसके फ़र्मान के तहत हंगामी हालात का ए'लान कर दिया गया। बरसों पुरानी बयाज़ें मेरी तहवील[38] के क़ब्रिस्तान से बरामद कर के, जीती जागती तहरीरों की शक्ल में, कम्प्यूटर पर चलने वाली उँगलियों के हवाले कर दी गईं। फिर भाई संजीव ने इन्हें अव्वल[39] से आख़िर तक पढ़ा और इन्तिख़ाब किया।

इस काम में अ'ज़ीज़ी सालिम सलीम ने भी मुआ'वनत[40] की। इस दौरान मेरी तमाम ख़ुद-गुज़ीनी[41], गुरेज़-गामी[42] और रू-नानुमाई[43] एक तरफ़ बैठी हाथ मलती रही, मोहब्बतों की इस फ़र्मा-रवाई[44] में इसके सिवा और मुम्किन भी क्या था।

अब इस इन्तिख़ाब की तय्यारी के बा'द इसके अन्तिम संस्कार

---

33 सहयोग 34 कारण 35 खींच-तान 36 प्रकाशन 37 संक्षिप्त 38 क़ब्ज़ा 39 आरंभ 40 सहयोग 41 अपने आपमें रहना 42 सबसे हट कर चलना 43 सबके सामने न आना 44 शासन, सत्ता

या'नी छपाई के लिए भेजने की मन्ज़िल आई तो मुझसे 'अपना बयान' लिखने को कहा गया, जो इस तमाम सफ़र का मुश्किल तरीन मर्हला[45] था, कि अपने बारे में सोचना, लिखना, मुझे शुऊ'र[46] और ला-शुऊ'र[47] के न जाने कितने वीरानों में बे-दस्त-ओ-पा[48] और ख़ौफ़-ज़दा[49] छोड़ देता है।

मेरे पास अपने होने के नाम पर क़यास[50], अन्दाज़ों और अन्देशों के सिवा और कुछ नहीं। उसे शे'र में, विज्दान[51] और अन्दरूनी मौसीक़ी[52] की मदद से लफ़्ज़ों की शक्ल देने की कोशिश एक बात है, अ'क़्ल, आगही[53] और मन्तिक़ी-रब्त[54] के ज़रिए ज़ब्त-ए-तहरीर[55] में लाना यक्सर अलग बात। लेकिन मेरे अन्दर, मेरे होने की एक शक्ल के तौर पर, कोई ऐसा ज़रूर है जो मुसलसल कुछ ख़ास काम, और एक ख़ास तरह से बरताव करता रहा है, जिससे गुमान गुज़रता है कि ये वही है जो मेरे होने की बेशतर नुमाइन्दगी[56] करता है।

ये मेरे होने की वही शक्ल है जो हुस्न की तलाश में दीवानावार[57] सरगर्दां[58] रहा है, एक के बा'द एक मोहब्बतें करता रहा है और शे'र कहता रहा है। इसके सिवा, इससे अलग मगर अन्दर अन्दर कहीं इससे जुड़ा हुआ मेरा एक और हिस्सा भी है जिसने सहाफ़त[59] की, सियासत की, दुनिया को बदलने के ख़्वाब देखे, नौकरी की, शादी की, बच्चे पैदा किए, घर बनाया और चलाया। ये दोनो एक-दूसरे में खुली आमद-ओ-रफ़्त[60] रखते हैं, एक-दूसरे से ताक़त और रौशनी हासिल करते हैं मगर हैं एक-दूसरे से अलग।

अपने अन्दर दूर तक नज़र डालता हूँ तो ज़ेहन के पर्दे पर दो

---

45 पड़ाव 46 चेतना 47 अवचेतन 48 हाथ-पाँव के बग़ैर, बेसहारा 49 डरा हुआ 50 अनुमान अनुमान 51 अंतर्बोध 52 संगीत 53 ज्ञान 54 तार्किक अंतर्सबंध 55 लिखना 56 प्रतिनिधित्व 57 दीवानों की तरह 58 भटकना 59 पत्रकारिता 60 आना-जाना

अ'क्स बार-बार उभरते हैं। एक अ'क्स है एक तीन-चार साल के बच्चे का जो स्कूल के पहले दिन ही, अपने किसी उस्ताद के करीह[61] चेहरे से डर कर, अपने क़दम खींच लेता है और पलट कर इधर-उधर धूमता फिरता है कि लौट कर घर नहीं जा सकता। ये बच्चा कई महीनों तक, कंधे पर बस्ता डाले घर से निकलता और स्कूल जाने के बजाए शह्र के बाहर खेतों और वीरानों में गुमशुदा रह कर शाम को घर आ जाता। गुम-राही, गुम-शुदगी[62] और गुम-कर्दगी[63] का ये पहला सबक़ था जो उसे हमेशा याद रहा, और उसी से उसने दुनिया और ज़िन्दगी के बारे में बहुत सा इ'ल्म[64] और तज्रबा कशीद[65] किया।

दूसरा अ'क्स 12-13 साल के, नौ-बालिग़ी[66] से कुछ पहले की उ'म्र, के लड़के का है, जो पहली बार एक लड़की के चेहरे पर, ख़ून की दमकती ख़ुश्बू की चकाचौंध से हैरत और हसरत-ज़दा[67] है। ये हुस्न के एक मक्तब[68] की तरह खुलने, जिस्म के दिल बन कर धड़कने और इ'श्क़ की पैदाइश का लम्हा था। ये एक दु:ख की बेदारी[69] का भी लम्हा था कि ये चेहरा बा'द में बार-बार नई शक्लों में तजल्ली[70] करता और गुम होता रहा।

मीर तक़ी 'मीर' ने कहा है कि उनके वालिद[71] ने उन्हें इ'श्क़ करने की वसिय्यत की थी। मेरे वालिद ने ऐसी कोई वसिय्यत नहीं की। इ'श्क़ की ता'लीम तो मुझे ख़ुद मेरे दिल और फिर जिस्म ने दी, और ये पढ़ाई आज तक जारी है। मेरे वालिद ने मुझपर एक एहसान ज़रूर किया कि मुझे हिन्दोस्तान से कटने नहीं दिया। एक ख़ास क़िस्म की मजहबिय्यत[72] के बावजूद उनमें कट्टरपन नहीं था। वो नौजवानी में मुस्लिम लीगी रहे

---

61 भयावह 62 गुम होना 63 गुम करना 64 ज्ञान 65 खींचना 66 किशोरावस्था 67 अतृप्त इच्छाओं का मारा हुआ 68 पाठशाला 69 जागना 70 रौशनी 71 पिता 72 धार्मिकता

मगर फिर भी मुझे और दीगर भाई बहनों को रामलीला दिखाने ले जाते थे।

बचपन और नौजवानी में मेरे सारे क़रीबी दोस्त ग़ैर-मुस्लिम थे। अलक्ष्येंद्र तलवार, रवींद्र भल्ला और अनिल पुरी ऐसे दोस्त थे जिनकी माओं को मुझे अपने बावर्चीख़ाने[73] में बिठा कर ख़ाना परोसने में कोई झिझक नहीं रही। उनके घर होने वाली पूजा-अर्चना में मुझे मज़ा आता था, कि कोई पाबन्दी नहीं थी। दूसरी जानिब अपने घर, नमाज़-रोज़े पर इसरार के सबब इनसे उलझन सी होती थी। अक्सर बे-वज़ू ही नमाज़ के लिए खड़ा हो जाता था। मुझे लगता है मुझमें क़लन्दर-सूफ़ियों वाली रूह पाई जाती है।

मेरी माँ बताती थीं कि उनके नाना के कोई भाई क़लन्दराना ज़िन्दगी गुज़ारते थे, हमेशा सफ़र में रहते और साल में एक बार बहराइच आते थे, वो भी इस तरह कि ऊँट पर सवार हैं और उनके पीछे मुरीदों का एक बड़ा मज्मा' ढोल-ताशे बजाता चल रहा है। बुद्ध और कबीर की हवाएँ मेरे अन्दर शुरूअ' से ही चलने लगी थीं। बुद्ध, बहराइच और बलरामपुर की सरहद पर श्रावस्ती में मौजूद हैं और कबीर की आख़िरी आरामगाह बहराइच से 100-150 मील पर मगहर में है।

उर्दू बचपन में एक मौलवी साहब से पढ़ी और ये सिलसिला आठवीं क्लास तक चला। फिर मेरा सारा वक़्त कबीर, सूर, तुलसी, रसखान और जायसी के साथ गुज़रा। इस तरह मेरी समाअ'तों का बचपन और नौजवानी, मीर और ग़ालिब से ज़ियादा अवधी और ब्रज शाइ'री के सुरों से रौशन रहा है। मैंने बेशतर मोहब्बत-नामे देव-नागरी लिपि में लिखे।

---

73 रसोई घर 74 प्रकट होना

उर्दू शाइ'री की तरफ़ तो मैं बहुत बा'द में, मुस्लिम युनिवर्सिटी पहुँचने पर आया। घर में शाइ'री का माहौल दूर दूर तक नहीं था।

रिश्ते के एक चचा ज़रूर शाइ'री करते थे मगर वो भी रूखी-फीकी। फिर उनसे कोई ऐसा क़रीबी तअ'ल्लुक़ नहीं था। सो शाइ'री मेरे बाहर कहीं नहीं थी, जो भी थी अन्दर ही रही होगी जो एक दिन अचानक एक झमाके से ज़ाहिर हुई। 1967 की गर्मियों में, जब मेरा दूसरा बाक़ाएदा इ'श्क़ चल रहा था, यूँ ही बैठे बैठे दो बराबर के मिस्रे' ज़ेह्न में कौंदे और मेरी ख़ुशी और हैरत की हद न रही। ये एहसास कि मुझमें कुछ बज रहा है जो लफ़्ज़ों में ढाला जा सकता है, मेरे लिए एक ऐसा इन्किशाफ़[74] था जिसका सिलसिला आज तक जारी है।

ऊपर मक्तब से भागे हुए जिस बच्चे का ज़िक्र आया है, वो उ'म्र की 67वीं मन्ज़िल पर भी यूँ ही भागा हुआ है कि अब दुनिया, समाज, सियासत और मज़हअ हर जगह मौजूद वो करीह चेहरा करीह-तर होता जा रहा है और इस बच्चे की वहशत और दहशत बढ़ती जा रही है। ऊपर से थोपे गए ख़ुदा / ख़ुदाओं से झगड़ा तो बहुत पहले हो गया था, उनसे तर्क-ए-तअ'ल्लुक़[75] अब हुआ है और मुकम्मल हुआ है। सो अब आपका 'एहसास' ख़ुदा के हरम[76] से लड़ कर उसके दैर में आ बैठा है जो उसकी पनाहगाह भी है, अध्यात्मिक जंग का मैदान भी। रहा दिल तो अपने नादीदा मा'शूक़ के लिए धड़के चला जा रहा है, और जिस्म है कि आगोश-ए-मौत से पहले आग़ोश-ए-यार में मरने को बेक़रार है।

फ़रहत एहसास

नई दिल्ली

---

75 संबंध टूटना 76 मस्जिद

फ़ेह्‌रिस्त

ग़ज़लें

ख़ाक है मेरा बदन ख़ाक ही उसका होगा
दोनों मिल जाएँ तो क्या ज़ोर का सहरा होगा

फिर मिरा जिस्म मिरी जाँ से जुदा है देखो
तुमने टाँका जो लगाया था वो कच्चा होगा

तुमको रोने से बहुत साफ़ हुई हैं आँखें
जो भी अब सामने आएगा वो अच्छा होगा

रोज़ ये सोच के सोता हूँ कि इस रात के बा'द
अब अगर आँख खुलेगी तो सवेरा होगा

क्या बदन है कि ठहरता ही नहीं आँखों में
बस यही देखता रहता हूँ कि अब क्या होगा

दोनों का ला-शुऊ’र[1] है इतना मिला हुआ
उसने जो पी शराब तो मुझको नशा हुआ
1 अवचेतन

कैसा खटक रहा है तसव्वुफ़[1] के पाँव में
इक जिस्म ख़ानक़ाह[2] के दर पर पड़ा हुआ
1 अध्यात्म 2 सूफ़ियों का मठ

पैदा किया दोबारा मुझे उसके जिस्म ने
मैं जो बराए-वस्ल[1] गया था मरा हुआ
1 मिलने के लिए

दुनिया की हर नमाज़ का मुझको मिला सवाब[1]
मस्जिद का अन्दरून है मुझ पर खुला हुआ
1 पुण्य

ये भी मिरे चराग़-ए-ख़मोशी[1] का फ़ैज़[2] है
चारों तरफ़ है शोर हवा का मचा हुआ
1 ख़ामोशी का चराग़ 2 फ़ायदा

उसने पढ़ी नमाज़ तो मैंने शराब पी
दोनों को, लुत्फ़ ये है, बराबर नशा हुआ

देखा नहीं कभी न मुलाक़ात ही हुई
एहसास जी का नाम है लेकिन सुना हुआ

फिर मिरा ला-शुऊ'र[1] जारी हुआ
या'नी मज्मूआ'[2] इन्तिशारी3 हुआ
1 अवचेतन 2 संग्रह 3 बिखरा हुआ

वह्म[1] होने लगा ख़ुद अपना वह्म
ए'तिबार[2] अपना ए'तिबारी[3] हुआ
1 भ्रम 2 विश्वास 3 सापेक्ष

उसके आने की जब उड़ी अफ़्वाह
मैं ज़रा और इन्तिज़ारी हुआ

इ'श्क़ हो वस्ल हो कि हिज्र कि खेल
एक पर एक इन्हिसारी[1] हुआ
1 निर्भर करने वाला

हम मरे, फिर जिए, मरे फिर से
बस यही खेल बारी-बारी हुआ

शाइ'री मेरी बे-सदा[1] बे-लफ़्ज़[2]
कोई सामे'[3] न कोई क़ारी[4] हुआ
1 बे-आवाज़ 2 नि:शब्द 3 श्रोता 4 पाठक

इ'श्क़ करता है शे'र कहता है
फ़रहत एहसास जब से जारी हुआ

रात को दरकार था कुछ दास्तानी[1] रंग का
हम चराग़-ए-ख़ामुशी लाए ज़बानी रंग का

1 काल्पनिक

उसने पेशानी[1] हमें दी है ज़मीनी रंग की
और सज्दा चाहता है आस्मानी रंग का

1 माथा

गेहुँए-पन[1] ने निकलवाया था जन्नत से हमें
जान-ए-मन अबके करेंगे इ'श्क़ धानी रंग का

1 गेहूँ जैसा होना

इ'श्क़ ने तो मेरा चेहरा ही बदल कर रख दिया
ऐसा आईना दिखाया उसने सानी[1] रंग का

1 दूसरा

हम मोहब्बत करने वालों की ज़िदें[1] भी हैं अ'जीब
चाहिए इक वाक़िआ'[2] लेकिन कहानी रंग का

1 ज़िद (हठ) का बहु 2 घटना

शायद अब उकता गए सहरा-नवर्दी[1] से ग़ज़ाल[2]
चाहते हैं कोई वीराना मकानी रंग का

1 रेगिस्तान में घूमना 2 हिरण

फ़रहत एहसास उसकी मिट्टी की समाअ'त[1] खिल उठी
शे'र जब मैंने सुनाया तेरा पानी रंग का

1 सुनने की क्षमता

एक दम दिल में उतर जाए जो ख़न्जर आपका
फ़रहत एहसास अपना बन जाए क़लन्दर[1] आपका

1 संत, फ़क़ीर

हो के चकना-चूर फिर पुर-नूर[1] होना है मुझे
कब मिरे शीशे से टकराएगा पत्थर आपका

1 रौशनी से भरा हुआ

रक़्स[1] मेरा जिस्म चाहे जिस तसव्वुर[2] में करे
रक़्स के पेश-ए-नज़र[3] रहता है महवर[4] आपका

1 नृत्य 2 कल्पना 3 आँखों के सामने 4 नृत्य का केंद्र

सख़्त हैरत में पड़े हैं शह्र भर के अह्ल-ए-वस्ल[1]
रात भर ख़ाली पड़ा रहता है बिस्तर आपका

1 मिलन वाले

भीड़ में से सर उठा कर इस क़दर मत देखिए
भीड़ वर्ना काट कर ले जाएगी सर आपका

आप तो बस एक शब आग़ोश[1] में आ जाइए
सुब्ह होने तक निकल जाएगा सब डर आपका

1 आलिंगन

मुझको अपनी एक क़त्रा हुक्मरानी चाहिए
और इसके बा'द फिर सारा समुन्दर आपका

बेचता है थोक में, तन्क़ीद[1] का बाज़ार उसे
फ़रहत एहसास अपने शे'रों में है फुटकर आपका

1 आलोचना

आ'म सा इक शख़्स है ये फ़रहत एहसास आपका
इ'श्क़ ने इसको बनाया है मगर ख़ास आपका

आप तन्हाई में कब मिलते हैं कुछ तो बोलिए
ख़त्म कब होता है आईने में इज्लास[1] आपका

1 सम्मेलन

और कितना पास आऊँ मैं कि पास आ जाएँ आप
कुछ तो कहिए और कितनी दूर है पास आपका

साहिबा1 हमको गले से भी लगा लीजे कभी
कब तलक क़दमों में ही बैठा रहे दास आपका

1 ऐ मित्र

गोश्त मेरे जिस्म का तारीक[1] हो जाता है क्यों
शाम आते ही दमक उठता है क्यों मास आपका

1 अंधेरा

वो जो हैं इक जौहरी[1] से फ़रहतुल्लह ख़ान हैं
ये लफ़ंगा जो है, वो है फ़रहत एहसास आपका

1 हीरे आदि परखने वाला

पहले तो ज़रा सा हट के देखा
उस शोख़ से फिर लिपट के देखा

इतनी भी बुरी न थी जो मैंने
दुनिया को ज़रा सा हट के देखा

देखा उसे उसका हो के और फिर
क्या फ़र्क़ पड़ेगा कट के देखा

हम जम्अ' हुए ही जा रहे थे
आराम मिला जो घट के देखा

बस एक ही ख़्वाब था कि जिसको
ता-उ'म्र[1] उलट-पलट के देखा

1 सारी उ'म्र

वो और क़रीब आ गया था
जब मैंने ज़रा सिमट के देखा

फिर दिल ने मिरे ग़म और ख़ुशी को
रस्सी की तरह से बट के देखा

कल डूब रहा था फ़रहत एहसास
हमने भी तमाशा डट के देखा

मैं अपनी ख़ाक से मरने के बा'द उड्डूँगा
किसी भी मौत के क़ाबू में फिर न आऊँगा

अभी तो देखना है अपने दोस्तों को मुझे
मैं दुश्मनों से तो मरने के बा'द निमटूँगा

अभी मैं ख़ुश हूँ तो थमती नहीं हँसी मेरी
कभी थमेंगे न आँसू मैं जब भी रोऊँगा

मुआ'फ़ कर दूँ कभी मौत को ये मुम्किन है
मगर मैं ज़िन्दगी तुझको कभी न बख़्शूँगा

मिरे जुलूस में होंगे तमाम ग़मज़दा लोग
मैं रोता-पीटता जिस शह्र से भी गुज़रूँगा

तमाम उ'म्र नहाऊँगा ख़ून में अपने
लिबास-ए-ज़ख़्म1 मगर मैं कभी न बदलूँगा

1 घावों की पोशाक

ज़रूरी होगा तो दरिया करूँगा मैं तब्दील
मगर ये कश्ती[1]-ए-एहसास मैं न बदलूँगा

1 नाव

इक शब कभी तो उसको मिरा ख़्वाब आएगा
फिर सुब्ह मेरे पास वो बेताब आएगा

भेजा है मैंने दिल की तरफ़ नश्शा-ए-शराब
उट्ठा जहाँ भी दर्द वहीं दाब आएगा

सूरज डुबो के बैठा हुआ हूँ मैं सुब्ह से
सुनते हैं आज रात वो महताब[1] आएगा

मैं रोज़ भेजता हूँ उसे आँसुओं की बाढ़
आख़िर तो उसके दिल में भी सैलाब आएगा

आँखें तुम्हारी साथ लिए जा रहा हूँ मैं
अब मैं ही आऊँगा न मिरा ख़्वाब आएगा

मैंने बढ़ा दिया है बहुत धड़कनों का शोर
कब तक न दिल से हो के वो बेताब आएगा

मैं साहिलों[1] से रक़्स[2] की हालत में आऊँगा
दरिया से वो ब-सूरत-ए-गिर्दाब[3] आएगा

1 किनारों 2 नृत्य 3 भँवर की तरह

उसने जो बन्द[1] बाँध दिए हैं बहाव पर
आँखों में अब हमारी बहुत आब[2] आएगा

1 पुश्ता, बाँध 2 पानी, आँसू

आएगी उसकी याद तो तन्हा न आएगी
साथ उसके पूरा हल्क़ा-ए-अहबाब[1] आएगा

1 दोस्तों की टोली

सर-ए-तस्लीम[1] ख़म करना पड़ेगा
हमें ख़ुद को ही कम करना पड़ेगा

1 हुक्म मानने वाला सर

तिरी मस्जिद का दिल बुझने लगा है
यहाँ ज़िक्र-ए-सनम[1] करना पड़ेगा

1 महबूब/मूर्ति की चर्चा

नहीं हैं हमकोई मा'मूली[1] आ'शिक़
उसे हमपर करम[2] करना पड़ेगा

1 छोटे-मोटे 2 मेह्रबानी

अभी कल गालियाँ जिसको बकी थीं
उसे फिर मोहतरम1 करना पड़ेगा

1 महोदय

बचानी है तुम्हें जाँ फ़रहत एहसास
तो ख़ुद पर ये सितम करना पड़ेगा

ये इ'श्क़ वो है कि जिसका नशा न उतरेगा
इस आस्मान से अब ये ख़ुदा न उतरेगा

ये रंग-ए-गिर्या[1] रहेगा जो तेरे कूचे में
इधर से कोई भी हँसता हुआ न उतरेगा

1 विलाप का तौर / ढंग

जो तेरे पाँव फ़लक[1] पर धरे रहे यूँही
ज़मीं पे सब्ज़ा-ए-रंग-ए-हिना[2] न उतरेगा

1 आकाश 2 मेंहदी के रंग की हरियाली

लगा दिया जो उसे मेरे ख़ून-ए-नाहक़[1] ने
ज़बान-ए-शह्र[2] से अब ये मज़ा न उतरेगा

1 निर्दोष का ख़ून 2 शह्र की ज़बान

उतार लाए किसी भी ग़ुबार-ए-राह[1] का अ'क्स
अब इस क़दर भी मिरा आइना न उतरेगा

1 रास्ते की धूल

नदी पे मोह्र लगा दी शनावरी[1] ने मिरी
इस आब-ए-ख़ास[2] में अब दूसरा न उतरेगा

1 तैराकी 2 ख़ास पानी

लज़ीज़ भी है रवाँ भी बहुत मगर एहसास
मिरे गले से तिरा ज़ाएक़ा[1] न उतरेगा

1 स्वाद

वो अ'क़्ल-मन्द कभी जोश में नहीं आता
गले तो लगता है आग़ोश[1] में नहीं आता

1 आलिंगन

मचाता रहता है ग़ुल[1] कूचा-ए-बदन[2] में इ'श्क़
लहू के ख़ाना-ए-ख़ामोश[3] में नहीं आता

1 शोर 2 बदन की गलियाँ 3 शांत घर

मुझे यक़ीन बहुत था मगर ग़लत निकला
कि आब्ला[1] कभी पापोश[2] में नहीं आता

1 छाला 2 जूती

नशे में धुत किए रहते हो मुझको आठों पहर
और इस पे कहते हो मैं होश में नहीं आता

बाहर की क्या याद आए घर याद नहीं आता
अब तो अपना जिस्म भी अक्सर याद नहीं आता

ज़ख़्मों की सारी तहरीरें[1] यक्साँ[2] लगती हैं
किसने मारा पहला पत्थर याद नहीं आता
1 लिखावट 2 एक जैसी

कहाँ उठाया कहाँ झुकाया कहाँ कटाया था
इतने किर्दारों[1] वाला सर याद नहीं आता
1 चरित्र

रूह कहाँ की जब जिस्म-ओ-जाँ पर बन आई हो
कोई क़लन्दर[1] कोई पयम्बर[2] याद नहीं आता
1 पीर-फ़क़ीर 2 देवदूत

करते करते रक़्स[1] ठहर जाता हूँ घबरा कर
जब भी अपने रक़्स का महवर[2] याद नहीं आता
1 नृत्य 2 केन्द्रबिन्दु, धुरी

अपनी शान-ए-नुजूल[1] समझ में आने लगती है
जब कोई अपने से बरतर[2] याद नहीं आता
1 आने का कारण 2 बड़ा, बेहतर

तुझको तो सब याद है जान-ए-मन फ़रहत एहसास
तू ही क्यों फिर आगे बढ़ कर याद नहीं आता

बस अपना रू-ए-हक़ीक़त[1] मैं खो नहीं सकता
वो ख़्वाब देख लिया है कि सो नहीं सकता
1 सच का चेहरा

तमाम पैकर-ए-बदसूरती[1] है मर्द की ज़ात
मुझे यक़ीं है ख़ुदा मर्द हो नहीं सकता
1 बदसूरती का पुतला

अब अपना ग़ैर ही हो लूँ कि कोई राह खुले
जो होना चाहता हूँ वो तो हो नहीं सकता

बड़ा सही प है ना-जिन्स[1] आस्मान का बीज
इसे मैं अपनी ज़मीनों में बो नहीं सकता
1 नीच, कमीना

फँसे हुए हैं ख़ुद अपनी ही भीड़ में आँसू
मैं रोना चाहता हूँ और रो नहीं सकता

तुम अपने जिस्म के कुछ तो चराग़ गुल कर दो
मैं, रौशनी हो ज़ियादा तो सो नहीं सकता

तुम्हारे ज़ख़्म हैं एहसास और मिट्टी के
मैं आँसुओं से तो ये ज़ख़्म धो नहीं सकता

वो सबक़ हूँ जो तुझे याद नहीं हो सकता
मैं तिरे दिल में भी आबाद नहीं हो सकता

ऊपर उठती हुई इक गर्म हवा है मिरा दर्द
मेरा लहजा कभी फ़रियाद नहीं हो सकता

वहशत-ए-दश्त[1] हूँ पत्थर पे जुनूँ कैसे करूँ
या'नी मैं क़ैस[2] से फ़र्हाद[3] नहीं हो सकता

1 वीराने की दीवानगी 2,3 प्रेम कहानियों के पात्र

कार-ए-तन्क़ीद[1] अ'जब संग-दिली[2] चाहता है
साहिब-ए-दिल[3] कभी नक़्क़ाद[4] नहीं हो सकता

1 आलोचना का काम 2 पत्थर सा दिल 3 दिल वाला 4 आलोचक

मुन्किर-ए-जिस्म[1] फ़क़त लज़्ज़त-ए-रूहानी[2] खींच
तू कभी साहिब-ए-औलाद[3] नहीं हो सकता

1 शरीर से इन्कार करने वाले 2 आत्मा का सुख 3 संतान वाला

इक उसी खोए हुए हुस्न को दरयाफ़्त[1] करो
कि नया हुस्न तो ईजाद[2] नहीं हो सकता

1 खोज, 2 आविष्कार

और कर ज़ुल्म कि इससे मिरा ख़ूँ बढ़ता है
ज़ुल्म जब तक है मैं बर्बाद नहीं हो सकता

मुझको सरशार[1] किए रखती है इक मानुस-गंध[2]
मेरा मा'शूक़ परीज़ाद[3] नहीं हो सकता

1 मस्त, परिपूर्ण 2 मनुष्य के शरीर की गंध 3 परी

तेरी आज़ादी की तहरीक हवस-कारी[1] है
बन्दा-ए-इ'श्क़[2] तो आज़ाद नहीं हो सकता

1 वासना लोलुपता 2 प्रेमी

मैं तो बस ख़्वाब दिखा देता हूँ ता'मीरों के
किसी ता'मीर[1] की बुनियाद नहीं हो सकता

1 इ'मारत

ख़ाक के चाक का रक़्क़ास[1] है फ़रहत एहसास
चर्बा-ए-चेहरा-ए-अज्दाद[2] नहीं हो सकता

1 नृत्य करने वाला 2 पूर्वजों के चेहरे की नक़्ल

नशे में आता हूँ जब मैं तो क्या नहीं मिलता
पर इसके बा'द किसी का पता नहीं मिलता

मैं एक साथ बहुत सी शराबें पीता हूँ
किसी भी एक का मुझको मज़ा नहीं मिलता

हर इक जुनूँ[1] के लिए दश्त अलग, अलग लैला
किसी नशे से किसी का नशा नहीं मिलता

1 इ'श्क़, दीवानगी

मिरा छुआ हुआ हर वक़्त मेरे सामने है
तो क्यों मुझे मिरा सोचा हुआ नहीं मिलता

मिले वो एक तो फिर दूसरा नहीं मिलता
तभी तो मुझको मिरा सिलसिला नहीं मिलता

ख़ुद अपने आपको क्यों ढूँडते नहीं वो लोग
जो कह रहे हैं कि उनको ख़ुदा नहीं मिलता

ये दौड़-धूप है काहे की लो हमें देखो
कि घर ही बैठे हुए हमको क्या नहीं मिलता

पहुँच तो जाता हूँ उसकी गली के नुक्कड़ तक
फिर इसके बा'द कुछ उसका पता नहीं मिलता

किसे सुनाऊँ यहाँ तज्रबात-ए-इ'श्क़[1] अपने
कि इस मरज़ में कोई मुब्तला नहीं मिलता

1 इ'श्क़ के अनुभव

शराब रात के थन से निकलती है एहसास
हमारा मयकदा दिन में खुला नहीं मिलता

मोहब्बत का सिला[1] कार-ए-मोहब्बत[2] से नहीं मिलता
जो अफ़्साने से मिलता है हक़ीक़त से नहीं मिलता

1 बदला, फल 2 मोहब्बत का काम

मैं उसको उसके बाहर देखता हूँ सख़्त मुश्किल में
कोई भी अ'क्स1 उसका अस्ल सूरत से नहीं मिलता

1 प्रतिबिंब

मुलाक़ात उससे अब तो बाला-बाला भी नहीं मुम्किन
छतों का सिलसिला एक उसकी ही छत से नहीं मिलता

कहाँ से लाएँ इ'श्क़ इतना कि उस तक बार पाएँ हम
वो ख़ुद बैरून-ए-सहरा[1] अह्ल-ए-वहशत[2] से नहीं मिलता

1 वीराने के बाहर 2 दीवाने

कि अब दरपेश[1] रहते हैं कई अपने भी काम उसको
वो पहले की तरह अब अपने फ़रहत से नहीं मिलता

1 समक्ष

तू मुझको जो इस शह्र में लाया नहीं होता
मैं बे-सर-ओ-सामाँ[1] कभी रुस्वा नहीं होता

1 जिसके पास कुछ न हो

कब मेरे तसव्वुर[1] में वो चेहरा नहीं होता
तन्हा तो मैं होता हूँ अकेला नहीं होता

1 कल्पना

कुछ पेड़ भी बे-फ़ैज़[1] हैं इस राहगुज़र के
कुछ धूप भी ऐसी है कि साया नहीं होता

1 बे-फ़ायदा

ख़्वाबों में जो इक शह्र बना देता है मुझको
जब आँख खुली हो तो वो चेहरा नहीं होता

किसकी है ये तस्वीर जो बनती नहीं मुझसे
मैं किसका तक़ाज़ा[1] हूँ कि पूरा नहीं होता

1 माँग, ज़रूरत

मैं शह्र में किस शख़्स को जीने की दुआ' दूँ
जीना भी तो सबके लिए अच्छा नहीं होता

सूरज का है दम गर्म मगर हमसे है कम गर्म
हम धूप ही ऐसी हैं कि साया नहीं होता

दुनिया तो है इक फ़ाहिशा[1] बस खेलने की चीज़
मैं सोहबत-ए-दुनिया[2] में भी दुनिया नहीं होता

1 चरित्रहीन 2 दुनिया का साथ

मैं अपनी रूह का दामन पसारे बैठा था
किस एहतिमाम से उसने बदन परोसा था

बिछड़ के उससे ये ज़ाहिर हुआ कि ये क़िस्सा
किसी बहुत ही बड़े वाक़िए'[1] का हिस्सा था

1 घटना

नमाज़ियों की जबीं1 पर जो था, न था सज्दा
जो मस्जिदों में नहीं था वो मेरा सज्दा था

1 माथा

अभी वो रूह भी बच्ची थी दुख़्तर-ए-औहाम[1]
अभी ये जिस्म भी ख़ुश-फ़ह्मियों[2] का बच्चा था

1 भ्रम की बेटी 2 अपने बारे में आने वोले सुविचार

पड़ा हुआ है जो अब रास्ते में ना-बीना1
कभी उसी ने मुझे रास्ता दिखाया था

1 अंधा

गुज़र सका न उधर से कोई जुनूँ-ज़ादा[1]
जहाँ गड़ा हुआ एहसास-ए-पा-शिकस्ता[2] था

1 इ'श्क़ करने वाला, दीवाना 2 घायल पैरों वाला एहसास

अ'जीब तज्रबा[1] आँखों को होने वाला था
बग़ैर नींद मैं कल रात सोने वाला था

1 अनुभव

तभी वहीं मुझे उसकी हँसी सुनाई पड़ी
मैं उसकी याद में पलकें भिगोने वाला था

किसी बदन की सदा[1] ने बचा लिया मुझको
मैं वर्ना रूह के जंगल में खोने वाला था

1 आवाज़

ये सोच सोच के अब तो हँसी सी आती है
शुरू-ए'-इ'श्क़[1] में कितना मैं रोने वाला था

1 इ'श्क़ का आरंभ

कभी हुई न मुलाक़ात शह्र से मेरी
मैं जब भी सो के उठा शह्र सोने वाला था

अगर यही है मोहब्बत तो होने वाली थी
वो पाने वाला था मुझको मैं खोने वाला था

मुझे निकाल दिया ता'ज़ियत[1] के जल्से से
कि बस वहाँ मैं अकेला ही रोने वाला था

1 शोक प्रकट करना

ये मेरा दीदा-ए-तर[1] ख़ुश्क हो गया वर्ना
मिरे लिए भी यहाँ कोई रोने वाला था

1 नम आँख

इस आइने ने उसूलों पे ज़िद न की वर्ना
मैं अपने आपके बर-अ'क्स[1] होने वाला था

1 विरुद्ध

किसी ने महफ़िल-ए-दुनिया की धुन बदल डाली
ज़माना जब मिरा हम-रक़्स1 होने वाला था

1 साथ नृत्य करने वाला

जो हो चुका था सब उसके लिए परेशाँ थे
किसी को फ़िक्र नहीं थी जो होने वाला था

वहाँ बस इक दिल-ए-ख़ाली[1] था और मियाँ एहसास
न इ'श्क़ उनको हुआ था न होने वाला था

1 ख़ाली दिल

ज़मीं से अ'र्श[1] तलक सिलसिला हमारा भी था
कि चश्म-ए-ख़ाक[2] में इक ख़्वाब सा हमारा भी था
1 आस्मान 2 धरती की आँख

तू अपने घर की तरफ़ मोड़ ले गया है जिसे
ज़मीं से पूछ कि ये रास्ता हमारा भी था

ये सब चराग़ जलाए हुए हमारे भी हैं
बला-ए-शब[1] का कभी सामना हमारा भी था
1 रात की मुसीबत

हमारे पाँव भी पड़ते न थे ज़मीं पे कभी
कभी कहीं यही तख़्त-ए-हवा[1] हमारा भी था
1 हवा का सिंहासन

ये हैं जो बाग़ में बोस-ओ-कनार[1] के मन्ज़र
गए दिनों में यही मश्ग़ला[2] हमारा भी था
1 चुंबन और आलिंगन 2 काम

किसी की जुल्फ़ में देखा तो हमको याद आया
कि एक फूल इसी रंग का हमारा भी था

यही शराब कभी हम भी ख़ूब पीते थे
इसी नशे में सर उड़ता हुआ हमारा भी था

ज़मीन हिलती थी यूँही हमारे आने से भी
इसी तरह का कभी ज़लज़ला हमारा भी

थाजो अब तुम्हारे तसर्रुफ़[1] में है मियाँ एहसास
कभी ये अ'र्सा-ए-अर्ज़-ओ-समा[2] हमारा भी था

1 अधिकार, इस्ते'माल 2 आस्मान से ज़मीन तक का इ'लाक़ा

हमें बनाते हुए ख़ुद बिगड़ गया है ख़ुदा
अ'जीब लोगों की सोहबत1 में पड़ गया है ख़ुदा
1 संगत

चली वो शिद्दत-ए-ईमान[1] की हवा-ए-ख़िज़ाँ[2]
हमारी शाख़[3]-ए-अ'क़ीदत[4] से झड़ गया है ख़ुदा
1 ईमान की उग्रता 2 पतझड़ की हवा 3 टहनी 4 भक्ति

रफ़ू[1] करे भी मोहब्बत तो किस जगह आख़िर
कि सर से पाँव तलक ही उधड़ गया है ख़ुदा
1 सिलना, टाँका लगाना

यहाँ ज़मीन से हम भी उखड़ के रह गए हैं
वहाँ जो अपने फ़लक पर उजड़ गया है ख़ुदा

ग़ज़ल नहीं है ये है बन्दगी[1] की क़ब्र एहसास
सो ख़ाक[2]-ए-बन्दगी में आ के गड़ गया है ख़ुदा
1 भक्ति 2 मिट्टी

बदन के मौसम-ए-बरसात में नहीं आना
विसाल करना है जज़्बात में नहीं आना

मुआ'मलात-ए-मोहब्बत में हूँ ग़ुलाम तिरा
प जान-ए-मन तिरी हर बात में नहीं आना

बदन से ख़ूब लड़ी है फिर आज रूह मिरी
अब इन अ'जीब से हालात में नहीं आना

हम आधी रात के बा'द अपने साथ रहते हैं
ख़याल रखना बहुत रात में नहीं आना

अ'जीब रूह की शादी है एक रूह के साथ
किसी भी जिस्म को बारात में नहीं आना

मैं ज़र्क-बर्क़ी-ए-शह्र-ए-हवस[1] का आ'दी हूँ
तुम्हारे इ'श्क़ के क़स्बात[2] में नहीं आना

1 वासना के शह्र की चमकती पोशाक 2 छोटे शह्र, क़स्बे

बहुत ही अम्न[1] से हैं मेरे दोनों ही मा'शूक़
जो दिन में आना है वो रात में नहीं आना

1 शांति

उड़ाए फिरती है हमको जो यूँ हवा-ए-सिफ़ात[1]
तो क्या पलट के कभी ज़ात[2] में नहीं आना

1 ख़ूबियों / अच्छाइयों का घमंड 2 स्वयं

ये कारोबार-ए-मोहब्बत तमाम उधार का है
कभी भी नक़्द-ए-बदन[1] हात में नहीं आना
1 बदन की पूँजी

मिरी नज़र में है तारीख़ तेरी आँखों की
तिरे फ़रेब-ए-करामात[1] में नहीं आना
1 चमत्कार का धोका

गुनाह ऐसे हमारे हैं साफ़ और शफ़्फ़ाफ़[1]
किसी ख़ुदा के हिसाबात में नहीं आना
1 पारदर्शी

बुला रही है वो आग़ोश1 अब मियाँ एहसास
तो उससे कहना कि ख़ैरात में नहीं आना
1 आलिंगन

ख़लल[1] आया न हक़ीक़त[2] में न अफ़्साना बना
मैं तो लगता है कि बेकार ही दीवाना बना

1 बाधा, विघ्न 2 वास्तविकता

मार ही डाला था साहिल के मरज़ ने मुझको
एक सैलाब अचानक ही शिफ़ा-ख़ाना[1] बना

1 चिकित्सालय

जैसे परछाईं बनाई गई हर जिस्म के साथ
उसी अन्दाज़ से हर शह्‌र का वीराना बना

मस्जिद-ए-जिस्म जिसे कोई नमाज़ी न मिला
वहीं इक शाम मिरी रूह का मय-ख़ाना बना

फ़रहत एहसास से आती थी सदा-ए-गिर्या[1]
आख़िर-ए-कार वो दुनिया का अ'ज़ा-ख़ाना[2] बना

1 रोने की आवाज़ 2 शोक गृह

चराग़-ए-शह्र से शम-ए'-दिल-ए-सहरा[1] जलाना
और इसकी लौ से महफ़िल-ख़ाना-ए-दुनिया[2] जलाना
1 रेगिस्तान के दिल का चराग़ 2 दुनिया की महफ़िल

तमाशे क्या दिखाता है मिरा बारूद-ए-हस्ती[1]
तुम्हें मुझको जलाना है तो फिर ज़िन्दा जलाना
1 अस्तित्व का बारूद

बड़े सूरज बने फिरते हो तुम इक रात आ कर
ज़रा मेरा चराग़-ए-मौसम-ए-सर्मा[1] जलाना
1 सर्दियों के मौसम का चराग़

उसे मुझसे बस इतना ही तअ'ल्लुक़[1] है कि हर रात
चराग़-ए-जिस्म[2] अपना पेश-ए-आईना[2] जलाना
1 संबंध 2 शरीर का दीपक 3 आईने के सामने

चलो आँखों पे आँखें रख के हम इक साथ रो लें
ये ज़िद छोड़ो बहुत अब हो गया जलना जलाना

जो हर बार अपनी ख़ाकिस्तर[1] से उठ पड़ता है ज़िन्दा
तो हमने फ़रहत एहसास अब तुझे छोड़ा जलाना
1 राख

कुछ भी न कहना कुछ भी न सुनना लफ़्ज़ में लफ़्ज़ उतरने देना
मिट्टी का ये पियाला अपने आब-ए-हयात[1] से भरने देना

1 अमृत

मैं भी महज़ इक जिस्म नहीं हूँ तुम भी महज़ इक रूह नहीं हो
जिस्म-ओ-रूह के अ'क्स को उनके आईने में उतरने देना

अपने जिस्म के आईने से हर ख़ाकी[1] चिलमन को हटा कर
सामने बैठे रहना मेरे रूह को मेरी संवरने देना

1 मिट्टी की बनी हुई

सिर्फ़ हवा-ए-मोहब्बत हूँ मैं आऊँगा और गुज़र जाऊँगा
बस इतना करना मुझको अपने अन्दर से गुज़रने देना

और किसी साहिल पर जा कर उभरूँगा एक और बदन में
मिट्टी छोड़ रहा हूँ मैं मुझको दरिया में उतरने देना

तेज़ हवा-ए-तग़ाफ़ुल[1] हो तुम मैं हूँ गर्द-ओ-ग़ुबार-ए-मोहब्बत[2]
ख़ूब मज़ा आएगा मुझको सामने अपने बिखरने देना

1 उपेक्षा की हवा 2 इ'श्क़ की धूल मिट्टी

इस एहसास को मत उलझाना किसी भी बहस-ए-फ़ना-ओ-बक़ा[1] में
जीना चाहे तो जीने देना मरना चाहे तो मरने देना

1 होने और न होने की तकरार

वहाँ बहुत तेज़ रौशनी थी, मैं लौट आया
हर एक सूरत बिगड़ रही थी मैं लौट आया

वहाँ तो सब ख़ुद को भूलने में लगे हुए थे
मुझे मिरी याद आ रही थी, मैं लौट आया

मिरे न होने पे मुत्तफ़िक़[1] थे वहाँ थे जितने
मुझे भी होने की ज़िद पड़ी थी, मैं लौट आया

1 सहमत

ज़माने बा'द उस गली में जाना हुआ था मेरा
पर अब वो बाज़ार हो चुकी थी, मैं लौट आया

अभी कहीं कोई मुझ सा बाक़ी बचा था मुझमें
उसी की आवाज़ आ रही थी, मैं लौट आया

तभी अचानक कहीं से इक तेज़ चीख़ उभरी
मुझे लगा मेरी शाइ'री थी, मैं लौट आया

मैं जब भी बढ़ता था ख़ुद से मिलने तो रास्ते में
ख़ुद अपनी दीवार आ रही थी, मैं लौट आया

हमें अपने ही जैसा दूसरा होने का वक़्त आया
मोहब्बत आई और ख़ुद से जुदा[1] होने का वक़्त आया

1 अलग

उठा वो वक़्त-ए-आराइश[1] कि महफ़िल होने वाली है
फिर उसके आ'शिक़ों के आइना होने का वक़्त आया

1 सजने सँवरने का समय

मोअज़्ज़िन[1] ने अजाँ दी और वो बुत निकला ख़ुदा बन कर
ख़ुदा की सब नमाज़ों के क़ज़ा[2] होने का वक़्त आया

1 अज़ान देने वाला 2 नमाज़ का वक़्त निकल जाना, मौत

जुनूँ[1] को इम्तिहाँ लेना है अब अह्ल-ए-मोहब्बत[2] का
लिबास-ए-जिस्म[3] उतारो बे-हया[4] होने का वक़्त आया

1 दीवानगी, इ'श्क़ 2 मोहब्बत करने वाले 3 बदन की पोशाक 4 बेशर्म

बिगड़ती जा रही हैं सारी शक्लें कितनी तेज़ी से
हमारे शह्र के क्या जाने क्या होने का वक़्त आया

ख़िज़ाँ[1] में तो पुराना-पन उतरता है दरख़्तों का
ख़िज़ाँ में तो दरख़्तों के नया होने का वक़्त आया

1 पतझड़

तुम्हारा बुत तुम्हारी बन्दगी[1] करने पे राज़ी है
तो प्यारे फ़रहत एहसास अब ख़ुदा होने का वक़्त आया

1 भक्ति

इस सलीक़े से वो मुझमें रात भर रह कर गया
शाम को बिस्तर सा खोला सुब्ह को तह कर गया

वक़्त-ए-रुख़्सत[1] था हमारे बाहर अन्दर इतना शोर
कुछ कहा था उसने लेकिन जाने क्या कह कर गया

1 जुदा होते हुए

क़त्ल होते सबने देखा था भरे बाज़ार में
ये न देखा ख़ूँ मिरा किसकी तरफ़ बह कर गया

चाल जब भी मिल नहीं पाई ज़मीं की चाल से
कैसा कैसा सर-बुलन्द[1] आया था और ढह कर गया

1 सर ऊँचा किए हुए

डूबना ही था सो डूबा चाँद उसके वस्ल का
रात को लेकिन हमेशा की शब-ए-मह1 कर गया

1 चाँदनी रात

सिर्फ़ मिट्टी हो के रहने में तहफ़्फ़ुज़1 है यहाँ
जिसने कोशिश की मकाँ होने की बस ढह कर गया

1 सुरक्षा

दुख का आईना उलट देता है हर एहसास को
ख़ुश गया उतना ही कोई जितने दुख सह कर गया

इक हवा सा मिरे सीने से मिरा यार गया
ज़िन्दा करने मुझे आया था मगर मार गया

अब तो ये जिस्म भी जाता नज़र आता है मुझे
इ'श्क़ अब छोड़ मिरी जान कि मैं हार गया

ईंट गारे का बस एक ढेर बना बैठा हूँ
ज़ेर-ए-ता'मीर[1] मुझे छोड़ के मे'मार[2] गया

1 निर्माणा घीन 2 राज मिस्त्री, मकान बनाने वाला

घर को वापस कभी जाता नहीं देखा गया वो
सबने जिस शख़्स को देखा था कि बाज़ार गया

रास्ते में कहीं नींद आ गई होगी शायद
इस सफ़र में तो मिरा दीदा-ए-बेदार[1] गया

1 जागती आँख

आज इक हुस्न ने भेजे थे सिपाही अपने
फ़रहत एहसास मोहब्बत में गिरफ़्तार गया

शायद मैं अपने जिस्म से बाहर निकल गया
क्यों वर्ना मेरे दिल से मिरा डर निकल गया

साहिल पे ढूँडती रही मेरी ख़ुदी मुझे
दरिया-ए-बेख़ुदी1 मुझे ले कर निकल गया

1 बेहोशी का दरिया

अक्सर हम उसके वक़्त-ए-मुक़र्रर[1] पे मर न पाए
अक्सर हमारा वक़्त-ए-मुक़र्रर निकल गया

1 तय समय

मैंने मकाँ को इतना सजाया कि एक दिन
तंग आ के इस मकाँ से मिरा घर निकल गया

मन्ज़र[1] वो सामने था कि आँखें थीं वज्द[2] में
फिर ऐ'न[3] वज्द में ही वो मन्ज़र निकल गया

1 दृश्य 2 आनंद 3 ठीक

औरों का सारा काम मुझे दे दिया गया
और मेरा काम जाने किसे दे दिया गया

हमसे कहा गया कि उतारो अब अपने अ'क्स[1]
आईना इक चराग़-तले दे दिया गया
1 प्रतिबिंब

थी ये मिरी सज़ा प मज़े आ गए मिरे
इक घर हर एक घर के परे दे दिया गया

काँटों भरी जो राह थी यूँही रखी गई
बस नूर आब्लों[1] में मिरे दे दिया गया
1 छालों

ता'बीर[1] जिसकी ऐसा ही एक और ख़्वाब हो
इक और ख़्वाब रोज़ मुझे दे दिया गया
1 सपनों का नतीजा

दा'वा किसी का दिन के उजालों पे अब नहीं
जो कुछ भी था वो रात गए दे दिया गया

एहसास जी वहीं थे मगर कुछ न पा सके
सब कुछ उन्हें, जो आए न थे, दे दिया गया

आख़िर उसके हुस्न की मुश्किल को हल मैंने किया
एक नस्री नज़्म[1] थी जिसको ग़ज़ल मैंने किया

1 गद्य कविता

क्या बलाग़त[1] आ गई उसके बदन के मत्न[2] में
चन्द लफ़्ज़ों का जो कुछ रद्द-ओ-बदल3 मैंने किया

1 अर्थ-पूर्णता 2 पाठ 3 बदलाव

बाइ'स-ए-तौहीन[1] है दिल के लिए तक्रार-ए-जिस्म[2]
आज फिर कैसे करूँ वो सब जो कल मैंने किया

1 अपमान का कारण 2 जिस्म का दुहराना

बज़्म[1] हो बाज़ार हो सारी निगाहें मुझ पे हैं
क्या उन आँखों के इशारों पर अ'मल[2] मैंने किया

1 महफ़िल 2 अनुपालन

जिस जगह मरना था मुझको मैं वहाँ जीता रहा
इ'श्क़ में हर काम बे-मौक़ा' महल[1] मैंने किया

1 अनुपयुक्त जगह और समय पर

मुशाइ'रे ने जब उसको बुलाना छोड़ दिया
तो शाइ'री ने उसे शाइ'राना[1] छोड़ दिया

1 शाइ'री करने के अन्दाज़ में

हमारा ख़ौफ़ कि रंग-ए-विसाल[1] छूट न जाए
सो हमने वस्ल किया और नहाना छोड़ दिया

1 मिलन का रंग

बहुत ही अ'क़्ल के मारे हुए हैं शह्र के लोग
सो हमने शह्र पे ये दिल दिवाना छोड़ दिया

परिन्दे दाम[1] उठा ले गए शिकारी का
और उसकी भूख मिटाने को दाना छोड़ दिया

1 जाल

बुतों का इ'श्क़ न छोड़ा गया तो आख़िरकार
ख़ुदा ने हमको ग़ज़ब काफ़िराना[1] छोड़ दिया

1 अधर्मियों की तरह

उधर था सारा ज़माना इधर था यार मिरा
तो मैंने यार को थामा, ज़माना छोड़ दिया

बहुत सा रिज़्क़[1] मिला जब तो हाथ उलटने लगे
कि ख़ूब खाने लगे हम खिलाना छोड़ दिया

1 अन्न, भोजन

हमें तो शाइ'री करनी है अब मियाँ एहसास
सो तेरा सिलसिला-ए-शाइ'राना[1] छोड़ दिया

1 शाइ'री की परम्परा

पर्दा-नशीं[1] से हमने आज अपना हिसाब कर लिया
चेहरा बना दिया उसे ख़ुद को नक़ाब कर लिया

1 पर्दे में रहने वाली

कूज़ा-गरों[1] के हाथ में पड़ के नहीं हुए ख़राब
हमने तो अपनी ख़ाक[2] को ख़ुद ही ख़राब कर लिया

1 कुम्हार 2 मिट्टी

आँख का हो कि अब्र[1] का पानी जहाँ मिला उसे
आब-ए-हराम[2] जान कर अपनी शराब कर लिया

1 बादल, घटा 2 पानी जो पीने योग्य न हो

अपनी तरफ़ घुमा लिया हमने ख़ुदा का आइना
अपने हर इक गुनाह[1] को अपना सवाब[2] कर लिया

1 पाप 2 पुण्य

उतरी जो हिज्र[1] की किताब वस्ल[2] के आस्मान से
इ'श्क़ ने उस किताब को जुज़्व-ए-निसाब[3] कर लिया

1 विरह 2 मिलन 3 पाठ्यक्रम का हिस्सा

जब से हमने बाज़ुओं में ज़ोर पैदा कर लिया
जिस्म-ओ-जाँ की ख़ामुशी में शोर पैदा कर लिया

रूह में चमके अ'जब कुछ रंग इस बरसात में
हमने भी जंगल में अपना मोर पैदा कर लिया

हो गया था जम्अ' आँखों में बहुत ख़्वाबों का माल
चश्म-ए-तर[1] की शक्ल में इक चोर पैदा कर लिया
1 भीगी आँखें

जंगलों को काट कर कैसा ग़ज़ब हमने किया
शह्र जैसा एक आदम-ख़ोर पैदा कर लिया

मत्ल:-ए'-जाँ1 हर घड़ी रहता है अब्र-आलूद[2]-ए-शे'र
हमने ये बादल अ'जब घनघोर पैदा कर लिया
1 जान का क्षितिज 2 बादलों से ढँका

एक खिड़की सी खुली रक्खी है दुनिया की तरफ़
इक बड़ा दरवाज़ा अपनी ओर पैदा कर लिया

हम रहे एहसास जी के हल्क़ा-ए-तद्रीस[1] में
अपने शे'रों में बला2 का ज़ोर पैदा कर लिया
1 देख-रेख, शागिर्दी 2 ग़ज़ब

दबा पड़ा है कहीं दश्त में ख़ज़ाना मिरा
तो किस तलाश में है शह्र में दिवाना मिरा

तमाम रात है आँखों से आँसुओं की कशीद[1]
तमाम रात खुला है शराब-ख़ाना मिरा

1 खींचना, खिंचना

ये मेरी रूह का झगड़ा था आस्मान के साथ
बिला-क़ुसूर बदन बन गया निशाना मिरा

फ़लक के सर पे पड़े हैं मिरी ज़मीन के पाँव
मिरे सिरहाने से ऊँचा है पाएताना मिरा

तो आओ अह्ल-ए-जहाँ[1] इस पे फ़ैस्ला कर लें
मकान सारा तुम्हारा दुरून-ए-ख़ाना[2] मिरा

1 दुनिया वाले 2 घर का भीतरी हिस्सा

कहाँ का इ'श्क़ हवस तक भी हो नहीं सकती
यही रहेगा जो अन्दाज़ साहिबाना मिरा

बिखेरनी है जिसे ज़ुल्फ़ उसका इस्तिक़बाल[1]
वबाल-ए-शह्र[2] से ख़ाली है एक शाना[3] मिरा

1 स्वागत 2 शह्र की मुसीबत 3 कंधा

ख़ुद अपने आपमें है सारी मेरी आमद-ओ-रफ़्त[1]
कहीं से आना न अब है कहीं भी जाना मिरा

1 आना जाना

मैं ख़ूब फ़ाक़ा[1] न करता तो मर गया होता
मिरे ख़िलाफ़ सफ़-आरा[2] था आब-ओ-दाना[3] मिरा

1 भूखा रहना 2 पंक्तिबद्ध 3 अन्न-जल

कहीं मिरे किसी लम्हे से फिर हुई कोई चूक
फिर आते आते कहीं रह गया ज़माना मिरा

ख़ुद अपने आप पे मेरी गिरफ़्त[1] खुलती गई
और उँगलियों से फिसलता रहा ज़माना मिरा

1 पकड़

फिर मिरे शाना-ए-हस्ती[1] पे नया सर निकला
और कहते हैं कि पहले से भी बेहतर निकला
1 अस्तित्व के कंधे

मैं तो इक सब्ज़ा-ए-ख़ुद-रौ[1] हूँ मुझे क्या डर है
जितना काटा गया उतना ही मिरा सर निकला
1 ख़ुद से उगने वाला पौधा

कभी नीचा रहा सर और कभी छोटे रहे पाँव
मैं भी हर बार कहाँ अपने बराबर निकला

ज़िन्दा रहने में ही दर-अस्ल[1] हैं ख़तरे सारे
मर गया मैं तो मिरे दिल से मिरा डर निकला
1 वास्तव में

शहर इक क़र्या-ए-नुक़्सान[1] है मत जाओ उधर
मैं भी मुश्किल से बहुत जान बचा कर निकला
1 नुक़सान का इ'लाक़ा

इन्तिज़ामात[1] कहाँ हैं मिरी आबादी के
मैं हर इक नक़्शा-ए-ता'मीर[2] में बेघर निकला
1 व्यवस्था 2 निर्माण का नक़्शा

फ़रहतुल्लह पे पड़ा तेश:[1]-ए-फ़रहत एहसास
तब कहीं जा के शरर[2] संग[3] से बाहर निकला
1 कुदाल 2 चिंगारी 3 पत्थर

बुझ गए सारे चराग़-ए-जिस्म-ओ-जाँ[1] तब दिल जला
ख़ल्क़[2] की ख़ातिर हमारा मुर्शिद-ए-कामिल[3] जला
1 जिस्म और जान के चराग़ 2 लोग 3 सर्वगुण-संपन्न गुरू

कुछ भी दरिया ने मदद अपने पड़ोसी की न की
दूर तक पानी ही पानी था मगर साहिल जला

रौशनी में एक अलग सी रौशनी शामिल हुई
आज लगता है कि फिर कोई सर-ए-महफ़िल[1] जला
1 भरी महफ़िल में

देखते ही आग पत्थर हो गया काग़ज़ का जिस्म
वो जिसे आसान जलना था बहुत मुश्किल जला

शहर में भड़की हुई थी वस्ल[1] की आग और इधर
फ़रहत एहसास आप अपने हिज्र[2] में तिल तिल जला
1 मिलन 2 जुदाई

मैं महफ़िल-बाज़[1] घबरा कर हुआ तन्हाई वाला
कि सबसे खुल के मिलना काम है रुस्वाई[2] वाला

1 महफ़िल का रसिया 2 बदनामी

फ़राहम[1] कर बदन की रौशनी अपनी कि मुझको
रफ़ू होना है और ये काम है बीनाई[2] वाला

1 उपलब्ध 2 आँखों की रौशनी

मिरी मिट्टी भी करना चाहती है मश्क़-ए-पर्वाज़[1]
दिखाना फिर इसे मन्ज़र वही अंगड़ाई वाला

1 उड़ने का अभ्यास

ईमाँ का लुत्फ़ पहलू-ए-तश्कीक[1] में मिला
ये चाँद जब मिला शब-ए-तारीक[2] में मिला

1 संशय का सानिध्य 2 अँधेरी रात

बरसों रहा हूँ कासा-ए-तन्हाई[1] हो के मैं
इक दिन हुज़ूर-ए-यार[2] मुझे भीक में मिला

1 तन्हाई का भिक्षा-पात्र 2 महबूब का मिलन

हल्का सा इक लबों का इशारा ही था बहुत
फिर जो मिला मुझे इसी तहरीक[1] में मिला

1 हलचल, आँदोलन

ज़ीना[1] मिरी बुलन्दी-ए-दर्जात[2] का बना
तुझको जो ये मज़ा मिरी तज़्हीक[3] में मिला

1 सीढ़ी 2 स्तर की ऊँचाई 3 अपमान करना, हँसी उड़ाना

खाया था किसके हाथ से एहसास जी ने पान
ख़ून-ए-बदन सब उसकी बस इक पीक में मिला

दुनिया का हाल पूछने आते नहीं कभी
अल्लह मियाँ के पाँव में मेंहदी लगी है क्या

क्यों कपकपा रही हो मिरी जान वस्ल में
इन गर्मियों में भी तुम्हें सर्दी लगी है क्या

क्या इ'श्क़ कर रहे हो ये तुम सोच सोच कर
दिल में भी कोई चीज़ दिमाग़ी[1] लगी है क्या

1 दिमाग़ की

मिलते ही काट देती है तार-ए-निगह[1] मिरा
प्यारे तुम्हारी आँख में आरी लगी है क्या

1 नज़र के तार

तुम फूल हो के भागते फिरते हो बाग़ बाग़
पीछे तुम्हारे बाद-ए-बहारी[1] लगी है क्या

1 बसंती हवा

दिल खोल कर हँसे हो तुम एहसास पहली बार
इस क़ुफ़्ल-ए-ज़ंग-ख़ुर्दा[1] में चाबी लगी है क्या

1 ज़ंग लगा ताला

हम आए हैं प गए भी कहीं हुए हैं बहुत
अभी हैं कुछ तो अभी कोई दूसरे हैं बहुत

ख़ुदा के पास तो इक सिर्फ़ लुत्फ़-ए-रोज़ा-नमाज़[1]
बुतों के पास कई और भी मज़े हैं बहुत

1 रोज़े नमाज़ का मज़ा

दुहाई देने लगे सुब्ह से बदन के चराग़
हमें बुझाओ कि हम रात भर जले हैं बहुत

तमाम रात जो रोए हैं अहमक़ों[1] की तरह
तो सुब्ह हम इसी इक बात पर हँसे हैं बहुत

1 मूर्खों

लोग हमसे तने हुए हैं बहुत
हम भी शायद बने हुए हैं बहुत

छाँव पहले से भी बहुत कम है
पेड़ जब से घने हुए हैं बहुत

जाने क्या कर के आए हैं ये लोग
हाथ सबके सने हुए हैं बहुत

हो चुके जितना होना था नाराज़
हम तो कब से मने हुए हैं बहुत

हो गए हैं हम आप अपनी माँ
जब भी देखो जने हुए हैं बहुत

दिल की जानिब बहुत उजाड़ सही
जिस्म से हम बने हुए हैं बहुत

दोस्ती से बहुत बने हैं तो हम
दुश्मनी से ठने हुए हैं बहुत

एक बोसा नहीं मिला भरपूर
चूमने-चामने हुए हैं बहुत

फ़रहत एहसास को न छेड़ कि वो
इन दिनों कट-खने हुए हैं बहुत

सितम हैं याद करम भूलने लगे हैं बहुत
हमारे सारे सनम भूलने लगे हैं बहुत

कलाम[1] मा'रिज-ए-तहरीर[2] तक नहीं आता
बयान अपना क़लम भूलने लगे हैं बहुत

1 कथन 2 लेखन में प्रकट होना

फिर अपने कुफ़्र[1] की तारीख़[2] कैसे लिक्खेंगे
बुतों के नाम जो हम भूलने लगे हैं बहुत

1 ख़ुदा से इन्कार 2 इतिहास

किसी भी सफ़[1] से किसी सफ़ में जा निकलते हैं
सिपाही अपने अ'लम[2] भूलने लगे हैं बहुत

1 पंक्ति 2 झंडा

कि जाएदाद-ए-हरम[1] में बुतों का हिस्सा भी है
ये बात अह्ल-ए-हरम[2] भूलने लगे हैं बहुत

1 मस्जिद की संपत्ति 2 मस्जिद वाले

हमारी रूह का घर रह चुके हैं कितने ही जिस्म
हम अपने पिछले जनम भूलने लगे हैं बहुत

हमें तलाश करें अपने ताक़[1]-ए-निस्याँ[2] पर
जो कह रहे हैं कि हम भूलने लगे हैं बहुत

1 दीवार में बनी कुछ रखने की जगह 2 भूलना

हमें तो आदमी होना तक अपना याद नहीं
ज़रूरी काम भी हम भूलने लगे हैं बहुत

वजूद इसीलिए रहते हैं इस क़दर बीमार
कि इक दवा-ए-अ'दम[1] भूलने लगे हैं बहुत

1 न होने की दवा

ख़ुद अपने गिर्द ही गर्दिश[1] में हैं हमारे क़दम
सो राह-ए-का'बा ही हम भूलने लगे हैं बहुत

1 परिक्रमा

इसीलिए ही तो ज़िन्दा है आज तक एहसास
कि उसके अह्ल-ए-सितम[1] भूलने लगे हैं बहुत

1 अत्याचार करने वाले

जो इ'श्क़ चाहता है वो होना नहीं है आज
ख़ुद को बहाल करना है खोना नहीं है आज

आँखों ने देखते ही उसे ग़ुल[1] मचा दिया
तय तो यही हुआ था कि रोना नहीं है आज

1 शोर

ये रात अह्ल-ए-हिज्र[1] के ख़्वाबों की रात है
क़िस्सा तमाम करना है सोना नहीं है आज

1 विरह में जीने वाले

जो अपने घर में है वो है बाज़ार में नहीं
होना किसी का शह्र में होना नहीं है आज

फिर तिफ़्ल-ए-दिल[1] है दौलत-ए-दुनिया पे गिर्या-बार[2]
और मेरे पास कोई खिलोना नहीं है आज

1 बच्चे जैसा दिल 2 रोता हुआ

इस तरह आता हूँ बाज़ारों के बीच
जैसे नींद आ जाए बेदारों[1] के बीच

1 जागे हुए

मैं मुसलसल मुल्तवी[1] होता हुआ
हर घड़ी हर गाम[2] तय्यारों के बीच

1 स्थगित 2 क़दम

लड़खड़ाने लगती हैं साँसें मिरी
हर नफ़स[1] हर हाल[2] हमवारों[3] के बीच

1 साँस 2 स्थिति, अवस्था 3 हमेशा एक ही तरह रहने वाले

ख़ुद-ब-ख़ुद बन्द-ए-क़बा[1] खुलते हुए
हैरत-ए-इक़्रार[2] इन्कारों के बीच

1 पोशाक के बंधन 2 राज़ी हो जाने पर हैरत

हम ख़ुद अफ़्साने के बाहर हो गए
मर ही जाते ऐसे किर्दारों के बीच

हम अ'लम-बर्दार[1] अपने जह्ल[2] के
मक्तबों[3] के इ'ल्म-बर्दारों[4] के बीच

1 झंडा उठाने वाले 2 अज्ञान 3 विद्यालय 4 ज्ञान का दिखावा करने वाले

फ़रहत एहसास आ गया या बज़्म में
सादगी आई है हुश्यारों के बीच

मुशाइ'रे नज़र आते हैं मंडियों की तरह
बुलाए जाते हैं हम जिनमें रंडियों की तरह

ये एहतिमाम तो सारा है माल-ओ-शोहरत का
लगाए जाते हैं अश्आ'र झंडियों की तरह

फिर अबके धोके से मारा गया पितामह-ए-इ'श्क़[1]
दिखा के हुस्न बदन का शिखंडियों की तरह

1 इ'श्क़ का पितामह

लिबास-ए-जिस्म तो है मुस्तक़िल[1] लिबास-ए-अ'दम[2]
वजूद को तो पहनते हैं बंडियों की तरह

1 हमेशा के लिए 2 न होना

हवस के मारे हुए लोग मारते हैं हमें
मोहब्बतों के तराज़ू की डंडियों की तरह

तुम्हें लगाएँगे इक ज़र्ब-ए-इन्किसार[1] कि बस
कभी जो सामने आए घमंडियों की तरह

1 विनम्रता की चोट

नक़्क़ाद[1] का था हुक्म कि कहिए जदीद[2] शे'र
हमने कहा कि हम तो कहेंगे शदीद[3] शे'र

1 आलोचक 2 आधुनिक 3 जोश से भरा

कल के मुशाइ'रे में समाँ कर्बला का था
थे हमला-ज़न[1] तमाम तरफ़ से यज़ीद[2] शे'र

1 हमला करते हुए 2 एक अत्याचारी जिसने कर्बला में ख़ून-ख़राबा किया था

मज़्मून-ए-वस्ल[1] ठीक से मत्ले'[2] में बाँध कर
हमने उसे सुनाए ग़ज़ल के मज़ीद[3] शे'र

1 मिलन का विषय 2 ग़ज़ल का पहला शे'र 3 ज़ियादा

मा'नी न खुल रहे हों तो ले जाओ ये ग़ज़ल
हर एक क़ुफ़्ल-ए-नस्र[1] की ख़ातिर कलीद[2] शे'र

1 गद्य पर लगा ताला 2 चाबी

हर-चन्द उस पे हालत-ए-रमज़ान[1] थी बहुत
फिर भी उसे सुना ही दिए हमने ई'द शे'र

1 रोज़े जैसा हाल

गूँधे जो आब-ए-बेहुनरी[1] में सुख़न[2] की ख़ाक[3]
फिर क्यों न उसके चाक से उतरें पलीद[4] शे'र

1 बेहुनरी का पानी 2 शाइ'री 3 मिट्टी 4 बुरा, ख़राब

एहसास उन लबों पे कोई जुम्बिश-ए-जवाब[1]
कब से तरस रहे हैं मिरे ना-उमीद शे'र

1 जवाब की थरथरी

रूह-ओ-बदन को दस्त-ओ-गरेबान[1] देख कर
दिल ने कहा कि जिस्म मिरी जान देख कर

1 हाथापाई करते हुए

अन्दर का सच दिखाता है आईना शह्र का
मैं रक़्स में हूँ अ'क्स-ए-बयाबान[1] देख कर

1 वीराने का बिंब

लैला ख़ुद अपने क़ैस को पहचान ही न पाई
मुझको बग़ैर चाक-गरेबान[1] देख कर

1 फटा गरेबान

इस्लाम ख़ुद ही दे के गया है दवा-ए-कुफ़्र[1]
मुझको मरीज़-ए-शिद्दत-ए-ईमान[2] देख कर

1 नास्तिकता की दवा 2 ईमान की उग्रता का रोगी

हम अह्ल-ए-शह्र[1] इ'श्क़ के क़ाबिल नहीं रहे
आता है ख़ौफ़ ख़ून का दौरान[2] देख कर

1 शह्र वाले 2 बहाव

एहसास जी कराइए हमको भी हज्ज-ए-इ'श्क़[1]
इस बार कोई का'बा-ए-आसान[2] देख कर

1 इ'श्क़ का हज 2 जिसका'बे का मिलना आसान हो

दिल के इक गोशे में सहरा देख कर
ख़ुश हूँ ये इम्कान-ए-लैला[1] देख कर
1 लैला के आने की संभावना

बिजलियाँ अपनी उतार आया करो
मैं जल उठता हूँ ये पर्दा देख कर

वक़्त के इफ़्लास[1] पर रोता हूँ मैं
हाल[2] में इतना गुज़िश्ता[3] देख कर
1 दरिद्रता 2 वर्तमान 3 बीता हुआ

मौत पर रोना रिवायत1 ही सही
हँस रहा हूँ अपना मुर्दा देख कर
1 परंपरा

मेरे आईने पे हैराँ है ख़ुदा
अपने जैसा एक बन्दा देख कर

जब भी जाता हूँ दुकान-ए-हुस्न पर
ज़ख़्म लेता हूँ मैं गहरा देख कर

जी उठा हूँ शहर के अश्आ'र में
फ़रहत एहसासी सी पैदा देख कर

आँसुओं का एक हल्क़ा[1] खींच कर
बुत बना बैठा हूँ सदमा[2] खींच कर
1 घेरा 2 दुख

एक कर डाला है सब माज़ी-ओ-हाल[1]
वक़्त की डोरी को थोड़ा खींच कर
1 अतीत और वर्तमान

प्यास को बहला रहा हूँ देर से
रेत पर तस्वीर-ए-दरिया खींच कर

मुल्तवी[1] करते रहे हम मौत को
इक ज़रा साँसों को उल्टा खींच कर
1 स्थगित

जल्द ले जा यार मुस्तक़बिल[1] मिरे
हाल[2] से सारा गुज़िश्ता[3] खींच कर
1 भविष्य 2 वर्तमान 3 अतीत

बन्द कर देता हूँ मिट्टी के किवाड़
इक ज़रा सा आब-ए-ताज़ा[1] खींच कर
1 ताज़ा पानी

ला मिरी पहचान वापस कर मुझे
वर्ना दूँगा ख़ाली चेहरा खींच कर

मैं भी मिट्टी की तरह मज़बूत हूँ
देख ले सारा ज़माना खींच कर

आख़िर-ए-कार अपनी आँखें बन्द कीं
एक सर्द आह-ए-तमाशा[1] खींच कर

1 तमाशे पर ठंडी आह भरी

फ़रहत एहसास एक मिक़्नातीस[1] है
ले गया है जाने क्या क्या खींच कर

1 चुंबक

करनी पड़ेगी जिस्म से पहचान जान कर
तू क्या करेगी मुझको मिरी जान जान कर

वो देखता है यूँ मिरी आराइश-ए-बदन[1]
करता हूँ चाक ख़ुद को गरेबान जान कर

1 बदन की सजावट

अल्लह मियाँ के साथ था मुल्लाओं का हुजूम
ला-हौल[1] पढ़ दिया उन्हें शैतान जान कर

1 शैतान को भगाने का मंत्र

दरिया ने पार उतार दी कश्ती मिरी मगर
मुझको डुबो दिया मिरा सामान जान कर

तौहीद[1] पर जो ज़ोर दिया हमने इ'श्क़ में
बुत डर के भागे हमको मुसलमान जान कर

1 एक ख़ुदा पर विश्वास होना

मौत मेरा इक ज़रा सा काम कर
ज़िन्दगी की धूप में कुछ शाम कर

ले ये चादर ख़ुदकुशी की ख़ुद पे डाल
ज़िन्दगी कुछ दिन ज़रा आराम कर

ले के आता हूँ मैं अपनी वह्‌य-ए-जिस्म[1]
तू फ़राहम[2] रूह का इल्हाम[3] कर

1 जिस्म का संदेश 2 उपलब्ध 3 ख़ुदा की तरफ़ से दिल में आई हुई बात

रुख़ तरक़्क़ी का पलट दे मेरे जिस्म
वर्ना मर जाएगा ख़ुद को ख़ाम[1] कर

1 कच्चा, अपरिपक्व

जिस्म फिर ख़ुद ही क़लन्दर[1] बन गया
रूह के दामन को कुछ दिन थाम कर

1 फ़क़ीर, सूफ़ी, पीर

धज्जियाँ कर जा के का'बे का ग़िलाफ़[1]
धज्जियों को जामा-ए-एहराम[2] कर

1 ढकने का कपड़ा 2 बग़ैर सिला लिबास जो हज के लिए पहनना ज़रूरी है

फ़रहत एहसास अपनी तेग़-ए-अम्न[1] से
फ़रहतुल्लाहों का क़त्ल-ए-आ'म[2] कर

1 शान्ति की तल्वार 2 नर-संहार

नींद क्यों आती नहीं है शब भर
अब तो काँटे भी नहीं बिस्तर पर

कभी मैं टूटूँ कभी तुम टूटो
कभी मैं शीशा कभी तुम पत्थर

आ मिरी रूह को रौशन कर दे
घोंप दे अपने बदन का ख़न्जर

शक हुआ है कि मैं अंधा तो नहीं
साफ़ जब भी नज़र आया मन्ज़र[1]

1 दृश्य

आ'म लोगों के लिए मैं ख़ुद हूँ
ख़ास लोगों के लिए है मिरा सर

बे-लिहाफ़ आएगी फिर हिज्र[1] की रात
शाम से काँप रहा हूँ थर थर

1 विरह

मौत तो मारती है मुर्दों को
देख मैं ज़िन्दा हुआ हूँ मर कर

फ़रहत एहसास तिरा क्या होगा
तू मुलाज़िम[1] से भी बदतर अफ़्सर

1 नौकर

ख़ाना-साज़[1] उजाला मार
चाँद पे अपना भाला मार

1 घर में बना हुआ

नूर का दरिया फूट पड़े
हिज्र[1] का ऐसा नाला[2] मार

1 जुदाई 2 फ़रियाद, रोना

रास्ता पानी माँगता है
अपने पाँव का छाला मार

ख़ास को रंग-ए-आ'म[1] दिखा
अदनाई[2] से आ'ला[3] मार

1 आम रंग 2 छोटापन 3 बड़ा

छोड़ ये ज़िल्लत[1] दश्त[2] को चल
शहर के घर को ताला मार

1 अपमान 2 वीराना

रूह भी सर हो जाएगी
पहले बदन का पाला मार

देर न कर फ़रहत एहसास
मार सफ़ेद पे काला मार

तर-ओ-ताज़ा[1] बस एक चेहरा-ए-यार[2]
और बाक़ी तमाम गर्द-ओ-ग़ुबार

1 निखरा हुआ 2 प्रेमिका का चेहरा

रन्जिशें[1] थीं घरों के अन्दर की
हम जो मारे गए सर-ए-बाज़ार[2]

1 दुश्मनी 2 बाज़ार के बीच

जाने क्या उसके जी में आई है
दूर तक सारी बस्तियाँ मिस्मार[1]

1 तबाह

हमने तक्रीम[1] ख़ुद न की अपनी
हमको होना ही था ज़लील-ओ-ख़्वार[2]

1 सम्मान 2 अपमानित

कौन क़ातिल है कौन है मक़्तूल[1]
वारदातें अ'जीब पुर-अस्रार[2]

1 क़त्ल होने वाला 2 रहस्यमय

आस्माँ पर चढ़ाई कैसे करें
रूह बे-हौस्ला बदन बीमार

ख़ाक-ए-पा[1] डाल फिर से सर पे मिरे
कर मुझे सरफ़राज़[2] फिर इक बार

1 पाँव की धूल 2 सम्मानित

एक घर है और उसके चारों तरफ़
फैलता जा रहा है अब बाज़ार

फ़रहत एहसास फ़िक्र-ए-मरहम[1] कर
ज़ख़्म क्यों अपने कर रहा है शुमार

1 मरहम की चिन्ता

सारे साहब लोग यहाँ हैं एक अकेला मैं मजदूर
मेरे दस्त-ओ-पा[1] हैं सलामत साहब लोग सभी मा'जूर[2]

1 हाथ-पाँव 2 अपाहिज

दुनिया के सारे रोगों की एक दवा है इ'श्क़ का रोग
इ'श्क़ का रोग अगर लग जाए हो जाएँ सारे दुख दूर

सारे ख़िल्जी[1] सारे लोदी[2] सारे तुग़लक़[3] ज़ोर लगाएँ
शेख़ निज़ाम[4] मुआ'फ़ नहीं करते जब तक दिल्ली है दूर

1,2,3 बादशाहों के नाम 4 निज़ामुद्दीन औलिया

इक फ़र्ज़ी जन्नत के लिए क्यों रोज़ा नमाज़ में जान खपाऊँ
जाम-ए-तुहूर[1] है मेरे लबों पर और बग़ल में मेरी हूर

1 जन्नत में परोसी जाने वाली पाक शराब का जाम

तेरा भला हो तू जो समझता है मुझको ग़ैर
आँखों पे आँखें रख कि कराऊँ मैं अपनी सैर

ख़ुद पर हमारे जिस्म की चादर ही डाल ले
बच आप अपनी धूप से तेरे बदन की ख़ैर

का'बे के सारे बुत मिरे सीने में आ बसे
इस आ'शिक़ी में सारा हरम हो गया है दैर[1]

1 मंदिर

जीना तिरे बग़ैर नहीं आ सका अभी
मरना तो मैंने सीख लिया है तिरे बग़ैर

तब दाख़िला मिलेगा तुझे दश्त-ए-हुस्न में
जब अह्ल-ए-शह्र[1] कहने लगें तुझको ग़ैर ग़ैर

1 शह्र वाले

एहसास जी के हल्क़ा-ए-ग़ुर्बत[1] में आ रहो
करनी अगर हो अपने हक़ीक़ी[2] वतन की सैर

1 देश से दूर रहने वालों का सान्निध्य 2 अस्ली

कैसे इन्सान हैं हम रीढ़ की हड्डी के बग़ैर
लिए फिरती हैं हवाएँ हमें मर्ज़ी के बग़ैर

ठीक आता नहीं मुझपर कोई दुनिया का लिबास
आस्माँ वाले मिरी नाप के दर्ज़ी के बग़ैर

कोई अ'त्तार[1] दवा ही नहीं देता हमको
ऐ तबीब-ए-मरज़-ए-जाँ[2] तिरी पर्ची के बग़ैर

1 दवा बेचने वाला 2 जान के रोग का इ'लाज करने वाला

मैं वही हूँ कि बना बैठा हूँ कोहसार-ए-वजूद[1]
तूने भेजा था जिसे ज़र्रा-ए-हस्ती[2] के बग़ैर

1 अस्तित्व का पहाड़ 2 अस्तित्व का कण

साहिल-ए-इ'श्क़[1] से आगे नहीं जाने का बदन
पार करना है ये दरिया तुम्हें कश्ती के बग़ैर

1 इ'श्क़ के दरिया का किनारा

मुझ पे खुलता ही नहीं हुस्न मिरे होने का
अपने आईने से इक अ'क्स1 की चोरी के बग़ैर

1 प्रतिबिंब

हक़[1] भी बातिल[2] सा नज़र आता है उस महफ़िल में
कभी ना-वक़्त चला जाऊँ जो मस्ती के बग़ैर

1 सच्चाई 2 झूठ

न रहा दश्त[1] तो जीना मिरा ना-मुम्किन है
ज़िन्दा रहना कोई मुश्किल नहीं बस्ती के बग़ैर

1 जंगल

ज़ुल्म तेरा, तिरा इक तर्ज़[1]-ए-मोहब्बत भी तो था
ख़ुश रहूँ कैसे भला मैं तिरी सख़्ती के बग़ैर

1 शैली, तरीक़ा

फ़रहत एहसास कोई यूँही नहीं हो जाता
अर्ज़-ए-तन्हाई[1] में इस तख़्त-नशीनी[2] के बग़ैर

1 तन्हाई की ज़मीन 2 राज्य-अभिषेक

रात बहुत शराब पी रात बहुत पढ़ी नमाज़
एक वज़ू[1] में हो गई मुझसे कई कई नमाज़

1 नमाज़ के लिए जिस्म को पाक करना

तुम तो अज़ान[1] दे के यार जाने कहाँ चले गए
मस्जिद-ए-जिस्म[2] क्या बताए कैसे पढ़ी गई नमाज़

1 नमाज़ पढ़ने के लिए बुलाने वाली आवाज़ 2 जिस्म की मस्जिद

मैं भी बहुत नशे में था नश्शे में था इमाम भी
उसने भी जाने क्या पढ़ाई मैंने भी क्या पढ़ी नमाज़

बुतकदा[1] था कि मयकदा[2] साक़ी था बुत कि था ख़ुदा
सुब्ह रहा न कुछ भी याद रात बहुत पढ़ी नमाज़

1 शिवाला, मंदिर 2 शराब-ख़ाना

कौन सुनाएगा मुझे मेरी अज़ान की अज़ान
कौन पढ़ाएगा मुझे मेरी नमाज़ की नमाज़

ये भी कोई मरज़[1] है क्या चल दिए फिर नमाज़ को
पढ़ के तो आए थे हुज़ूर आप अभी अभी नमाज़

1 रोग

जैसे कि एक ही ग़ज़ल होती है सारी उ'म्र में
वैसे ही सारी उ'म्र में होती है एक ही नमाज़

कुछ भी कहा न कीजिए मेरी शराब के ख़िलाफ़
एक ज़रा सी देर की मोहलत-ए-ख़्वाब[1] के ख़िलाफ़
1 ख़्वाब देखने की फ़ुर्सत

एक नमाज़ क्या पढ़ी सारे सनम[1] भड़क उठे
सारे गुनाह चीख़ उठे एक सवाब[2] के ख़िलाफ़
1 मूर्ति महबूब 2 पुण्य

अपना मकान तोड़ कर दश्त बना रहा हूँ मैं
ये मिरा एहतिजाज[1] है शह्र-ए-ख़राब[2] के ख़िलाफ़
1 विरोध 2 बुरा शह्र

ये जो हैं आ'म आदमी होते हैं तंग-दिल बहुत
बाग़ के सारे फूल हैं मेरे गुलाब के ख़िलाफ़

हज़रत-ए-इ'श्क़ आ गए मदरसा बन्द हो गया
बोल रहे हैं सारे लफ़्ज़ इ'ल्म-ए-किताब[1] के ख़िलाफ़
1 किताबी ज्ञान

शह्र के सब अमीर लोग ख़ाक-ब-दस्त[1] चल पड़े
शह्र के इक ग़रीब की चश्म-ए-पुर-आब[2] के ख़िलाफ़
1 हाथों में मिट्टी ले कर 2 आँसुओं में भीगी हुई आँख

फ़रहत एहसास क्यों ये लम्बे बाल
जब सँभाले नहीं सँभलते बाल

घर के आईने ने उलट दिए अ'क्स[1]
हो गए बाल बच्चे, बच्चे बाल
1 प्रतिबिंब

ज़ुल्फ़ हो कर हैं किस क़दर मग़रूर[1]
वही मा'सूम से तुम्हारे बाल
1 घमंडी

न कोई ज़ुल्फ़ है न शाना[1] है
शाना तश्बीह[2], इस्तिआ'रे[3] बाल
1 कंघा 2 उपमा 2 रूपक

सब उड़ा ले गई हवा-ए-हयात[1]
अब न वो सर रहा न उसके बाल
1 ज़िन्दगी की हवा

फ़रहत एहसास पूरा भीग गया
रात इस तर्ह उस पे बरसे बाल

रौनक़-ए-ज़हर[1] हो चुका मिरा दिल
कब का इक शह्र हो चुका मिरा दिल

1 ज़हरीली चमक-दमक

इ'श्क़ की ऐ'न[1] गिर चुकी कब की
ख़ारिज-अज़-बह्र[2] हो चुका मिरा दिल

1 इ'श्क़ शब्द का पहला अक्षर 2 छंद से बाहर

हो गई देर तुझसे बाद-ए-सबा[1]
अब तो दोपहर हो चुका मिरा दिल

1 सुब्ह की हवा

लौट जाएँ बड़े सफ़ीना-ए-इ'श्क़[1]
बह्र[2] से नह्र हो चुका मिरा दिल

1 मोहब्बत के जहाज़ों के बेड़े 3 समुन्दर

फ़रहत एहसास उठा ये दस्तरख़्वान[1]
लुक़्मा-ए-क़ह्र[2] हो चुका मिरा दिल

1 खाने की मेज़ का कपड़ा 2 गुस्से का शिकार

किसी को कैसे दिखाऊँ मैं अपनी रात के खेल
जो मेरी ज़ात[1] में होते हैं कायनात[2] के खेल

1 अपना होना 2 ब्रहमांड

गुनाह इतने बढ़ाए कि पुल ही तोड़ दिया
पुल-ए-सिरात[1] से खेले पुल-ए-सिरात के खेल

1 एक पुल का नाम जिससे गुज़र कर जन्नत तक पहुँचना होता है

खिलाड़ी हम हैं मगर खेलता है और कोई
हमारे हाथ में कब हैं हमारे हात[1] के खेल

1 हाथ

हम इस बिसात[1] पे उल्टी तरफ़ से बैठे हैं
हमारे हाथ में आए हैं सारे मात[2] के खेल

1 वो तख़्ता जिस पर शतरंज खेलते हैं 2 हार

हम अपने ख़ूँ की रवानी में शे'र लिखते हैं
उधर वो खेल रहे हैं क़लम-दवात के खेल

बदन बचाओ कि अबके बदन की बारी है
कि रूह खेल चुकी अपने सब निजात[1] के खेल

1 मोक्ष, मुक्ति

ये लोग मौत से इतने डरे हुए हैं कि बस
कोई सिखाए कहाँ तक इन्हें हयात[1] के खेल

1 ज़िन्दगी

तुम कुछ भी करो होश में आने के नहीं हम
हैं इ'श्क़ घराने के ज़माने के नहीं हम

हम और मोहब्बत के सिवा कुछ नहीं करते
वो रूठ गया है तो मनाने के नहीं हम

दरिया है मोहब्बत तो मिले जिस्म का मैदाँ
इक जिस्म-पियाले[1] में समाने के नहीं हम

1 जिस्म का पियाला

हमपर भी कभी अपनी हलाकत[1] की नज़र डाल
सच जान कि जान अपनी बचाने के नहीं हम

1 मार डालने वाली

कितना ही करे शोर यहाँ आ के ज़माना
तुझ पर से मगर ध्यान हटाने के नहीं हम

ये जिस्म फ़क़त[1] एक तरफ़ का है मुसाफ़िर
जा कर फिर इसी जिस्म में आने के नहीं हम

1 सिर्फ़

पास आओ कि हम खा तो नहीं जाएँगे तुमको
बस दाँत दिखाने के हैं खाने के नहीं हम

एहसास मियाँ पीर[1] हैं मुर्शिद[2] हैं हमारे
अब उठ के यहाँ से कहीं जाने के नहीं हम

1,2 धर्म गुरू, बुजुर्ग

लगे हुए हैं ज़माने के इन्तिज़ाम में हम
कभी ख़वास[1] में शामिल कभी अ'वाम[2] में हम
1 ख़ास लोग 2 जनता

फिर उसका दख़्ल[1] भी क्यों हो हमारे कामों में
मुदाख़िलत[2] नहीं करते ख़ुदा के काम में हम
1,2 हस्तक्षेप

पनाह माँगती है धार तेग़-ए-मा'नी[1] की
वो काट रखते हैं अल्फ़ाज़-ए-बे-नियाम[2] में हम
1 अर्थ की तल्वार 2 खुले शब्दों में

अब आफ़्ताब[1] से महताब[2] बन गए होंगे
नज़र न आएँगे लेकिन ग़ुबार-ए-शाम[3] में हम
1 सूरज 2 चाँद 3 शाम की धूल

मिरी नमाज़ की रफ़्तार पर नज़र रक्खो
रुकू[1]-ओ'-सज्दे[2] में हैं और न हैं क़याम[3] में हम
1 आधा झुकना 2 माथा टेकना 3 ख़ड़ा रहना

सभी समाअ'तें[1] आँखों को खोल कर रक्खें
चमक उठेंगे अचानक किसी कलाम[2] में हम
1 सुनने की शक्ति 2 शाइ'री, बात-चीत

अचानक आते हैं गिर्दाब[1] जैसे दरिया में
इक इन्क़िलाब[2] की आँखें लिए अ'वाम में हम
1 भँवर 2 क्रांति, बदलाव

ख़ुद अपने जिस्म की बे-हुर्मती[1] भी करते रहे
फ़ना[2] भी होते रहे कोशिश-ए-दवाम[3] में हम

1 अनादर 2 नश्वरता, ख़त्म होना 3 हमेशा रहने की कोशिश

हमें भी दख़्ल[1] है कुछ कारगाह-ए-आ'लम[2] में
हर एक काम के बाहर हर एक काम में हम

1 हस्तक्षेप 2 दुनिया की कर्मभूमि

हमारा नाम तो है क़ैस[1] साकिन-ए-सहरा[2]
पुकारे जाते हैं एहसास उ'र्फ़-ए-आ'म[3] में हम

1 एक किर्दार, मज्नूँ 2 वीराने का निवासी 3 पुकारा जाने वाला नाम

इ'श्क़ में कितने हज़ार-इम्कान[1] हो जाते हैं हम
इक बदन होते हुए दो जान हो जाते हैं हम

1 संभावना

इक नई तहज़ीब[1] ले कर आने वाला है जुनूँ
उसके इस्तिक़बाल[2] में वीरान हो जाते हैं हम

1 सभ्यता 2 आव-भगत

सारी गिर्हें[1] खोल देता है ये आब-ए-ख़ुश-विसाल[2]
इ'श्क़ कर के किस क़दर आसान हो जाते हैं हम

1 गाँठें 2 अच्छा मिलन

तू नमक की कान[1] है और हम तिरे गन्दुम[2] की फ़स्ल
तू फ़राहम[3] कर नमक और नान[4] हो जाते हैं हम

1 खान 2 गेहूँ 3 उपलब्ध 4 रोटी

साहिब-ए-ख़ाना[1] बना आता है जब आता है इ'श्क़
और अपने घर में ख़ुद मेहमान हो जाते हैं हम

1 घर का मालिक

अपनी आग़ोश-ए-रवाँ[1] में ग़ुस्ल[2] कर लेने दे यार
ग़ुस्ल कर के इक नए इन्सान हो जाते हैं हम

1 खुली बाँहें, आलिंगन 2 स्नान

उसकी आँखों के इशारे करते रहते हैं रक़म[1]
धीरे धीरे साहब-ए-दीवान[2] हो जाते हैं हम

1 लिखना 2 शाइ'री की किताब के रचयिता

तुम सोने चाँदी की कान और लोहा-लक्कड़ हम
तुम वज्ह-ए-आराइश-ए-दुनिया[1] अंगड़-बंगड़ हम

1 दुनिया के सँवरने का कारण

तुम निकलो तो फूल खिलें हम निकलें तो मुरझाएँ
तुम बाग़ों की बाद-ए-बहारी[1] लू के झक्कड़[2] हम

1 बसन्ती हवा 2 झोंका

बाग़-ए-बहिश्त[1] को ठोकर मारी इ'श्क़ किया भरपूर
हव्वा[2] देख वही तेरे कल वाले फक्कड़ हम

1 जन्नत का बाग़ 2 आदम की पत्नी का नाम, दुनिया की पहली स्त्री

हम हैं कहाँ के क्यों आए हैं करना है क्या काम
दुनिया के बाज़ार में गुमसुम महा-भुलक्कड़ हम

होश में आने मत देना वर्ना मर जाएँगे
तुम नश्शे का सर-चश्मा[1] और एक पियक्कड़ हम

1 उद्गम

ये एहसास मियाँ अन्दर से बिल्कुल बच्चे हैं
साथ में उनके खेल रहे हैं अक्कड़-बक्कड़ हम

कभी थे हमसफ़र राह-ए-मोहब्बत[1] में ख़ुदा और हम
ख़ुदा अब आस्माँ पर है ज़मीं पर हैं हवा और हम
1 मोहब्बत का रास्ता

ग़ज़ल उसने मुकम्मल ही न होने दी कि मुद्दत से
बस इक शे'र और उसके नाम का इक क़ाफ़िया और हम

अब इतनी शर्म है तुझको जो खुल कर बात करने से
करेंगे रात भर बातें तिरे बन्द-ए-क़बा[1] और हम
1 लिबास की गाँठ, बटन

वही ज़ख़्मी बदन है और वही टूटा हुआ दिल है
वही उसकी गली और आ'शिक़ी की इब्तिदा[1] और हम
1 शुरूआ'त

उसे रौनक़[1] दिखाएँ हम भी अपनी बेवफ़ाई की
किसी महफ़िल में मिल जाएँ अगर वो बेवफ़ा और हम
1 चमक-दमक

सब अपने रू-ब-रू[1] हैं गुफ़्तुगू करता नहीं कोई
तुम्हारा आइना और तुम हमारा आइना और हम
1 आमने-सामने

हमारे मयकदे[1] में आख़िर-ए-शब[2] का समाँ देखो
नमाज़-ए-फ़ज्र[3] में है और हैं नशे में धुत ख़ुदा और हम
1 शराब-ख़ाना 2 रात का अन्तिम पहर 3 सूर्योदय से पहले की नमाज़

रास्ता दे ऐ हुजूम-ए-शह्र[1] घर जाएँगे हम
और तेरे दर्मियाँ[2] ठहरे तो मर जाएँगे हम

1 शह्र की भीड़ 2 बीच

ख़ुश-ख़िराम[1] आँखों में उसका अ'क्स उतरता ही नहीं
अबके उसके पास ले कर चश्म-ए-तर[2] जाएँगे हम

1 अच्छी चाल वाला 2 भीगी आँख

वो नहीं तो धूल ही मिल जाए उसके पाँव की
उस गली में अबके बन कर रहगुज़र[1] जाएँगे हम

1 रास्ता

शायद उस दहलीज़ पर रक्खा हो अब भी वो चराग़
वापसी की राह में फिर उसके घर जाएँगे हम

उ'म्र भर पढ़ते रहेंगे इक यही अख़बार-ए-हुस्न[1]
और सारे सानिहों[2] से बे-ख़बर जाएँगे हम

1 सुंदरता का अख़बार 2 विपदाएँ, त्रासदियाँ

जिस्म का कूज़ा[1] है अपना और न ये दरिया-ए-जाँ[2]
जो लगा लेगा लबों से उसमें भर जाएँगे हम

1 प्याला 2 जान का दरिया

इ'श्क़ ने रोज़-ए-अज़ल[1] ही कर दिया था फ़ैस्ला
फिर कहाँ दुनिया के कहने से सुधर जाएँगे हम

1 आदिकाल

फ़रहत एहसास अपने शागिर्दों[1] में शामिल कर हमें
वर्ना इस दुनिया से यूँही बेहुनर जाएँगे हम

इ'श्क़ के काम को अन्जाम नहीं करते हम
इ'श्क़ हो जाए तो फिर काम नहीं करते हम

ऐसे लम्हों में वो करता है अ'ता[1] ख़िल्अ'त[2]-ए-वस्ल[3]
जब कोई ख़्वाहिश-ए-इन्आ'म[4] नहीं करते हम

1 प्रदान करना 2 सम्मान देने वाला लिबास 3 मिलन 4 पुरस्कार की अपेक्षा

पूजते-पूजते इक बुत को ख़ुदा कर डाला
कौन कहता है कि इस्लाम नहीं करते हम

आपका जिस्म शरीअ'त[1] का है पाबन्द बहुत
जाइए आप पे इल्हाम[2] नहीं करते हम

1 जीने का इस्लामी तरीक़ा 2 ख़ुदा की तरफ़ से दिया जाने वाला ज्ञान

देवताओं को लड़ाते नहीं आपस में कभी
कृष्ण करते हैं तो फिर राम नहीं करते हम

बर्हना[1] ही हरम-ए-जिस्म[2] का करते हैं तवाफ़[3]
रूह की गर्दिश-ए-एहराम[4] नहीं करते हम

1 नंगे 2 जिस्म का का'बा 3 परिक्रमा 4 एक तरह का धार्मिक लिबास पहन कर चक्कर काटना

उसके दीदार का सूरज निकल आए जिस रोज़
सुब्ह से फिर तलब-ए-शाम[1] नहीं करते हम

1 शाम का तक़ाज़ा / माँग

फ़रहत एहसास तुझे शाइ'री करने के लिए
उल्टा-सीधा तिरा क्या काम नहीं करते हम

इक रात मोहब्बत में जब आए हुए थे हम
शर्माया हुआ था वो घबराए हुए थे हम

बस देखते ही उसको गुल-बार[1] हुईं आँखें
हर-चन्द कि ख़ूब उनको मुर्झाए हुए थे हम

1 फूल बरसाना

दो घूँट में ही सारे दरिया को किया ख़ाली
इक उ'म्र इसी दरिया के तर्साए हुए थे हम

अब तू जो हमें बिल्कुल बकवास समझता है
इक दिन तिरे होंठों के फ़र्माए हुए थे हम

जज़्बात की दौलत तो दिल में थी बहुत लेकिन
इतनी भी न थी जितने कंगलाए[1] हुए थे हम

1 दरिद्र होना

ये वस्ल[1] अ'जब शय है होता है न होने से
थे खोए हुए उसको जो पाए हुए थे हम

1 मिलन

हम जिस्म के बन्दे थे थी रूह ख़ुदा उसकी
बरसों में कहीं जा कर यक-राय[1] हुए थे हम

1 एकमत

जी ही नहीं भरता था थी भूख ही कुछ ऐसी
जब देखिए तब अपना मुंह बाए[1] हुए थे हम

1 मुंह खोलनासारी ही ग़ज़ल फ़रहत एहसासी हुई अपनी

मत्ले'[1] में ही कुछ ऐसे मक़्ताए'[2] हुए थे हम

1 ग़ज़ल का पहला शे'र 2 ग़ज़ल का आख़िरी शे'र जिसमें शाइ'र अपना नाम इस्ते'माल करता है

खोलते हैं ज़ुल्फ़ उसकी पूरी हुश्यारी से हम
फिर उलझते जाते हैं ख़ौफ़-ए-गिरफ़्तारी[1] से हम
1 पकड़े जाने के डर से

कौन होली खेलता है इतनी बेदर्दी के साथ
हैं लहू से तर किसी नादीदा[1] पिचकारी से हम
1 अदृश्य

पेड़-पौदे जानवर बन कर लगे खाने हमें
गोश्त-ख़ोरी[1] पर उतर आए जो तरकारी से हम
1 गोश्त खाना

उसकी आग़ोश-ए-मसीहाई[1] से उठते हैं तो यूँ
जैसे उठते हों किसी इक सख़्त बीमारी से हम
1 दुखों को दूर करने वाली गोद

अब किसी का मेरी तन्हाई में आना है मुहाल[1]
ख़ुद को भी अक्सर झिड़क देते हैं बेज़ारी[2] से हम
1 मुश्किल 2 उकताहट

शुक्रिया तेरा हमें बाज़ार से घर कर दिया
वर्ना तुझसे तो मिले थे सख़्त-बाज़ारी से हम

फ़रहत एहसासा गया हमको तसव्वुर[1] आपका
क्या निजी अन्दर से हैं बाहर के सरकारी से हम
1 कल्पना

आप हैं हल्क़ा-ब-गोश-ए-इस्लाम[1]
लगते हैं ख़ाना-ब-दोश-ए-इस्लाम[2]

1 इस्लाम धर्म का अनुयायी 2 इस्लाम को लादे रखने वाला

रूह-ए-इस्लाम की इ'स्मत[1] हमसे
आप हैं जिस्म-फ़रोश-ए-इस्लाम[2]

1 आबरू 2 इस्लाम का जिस्म बेचने वाले

आप तो कुफ़्र[1] के क़ाबिल भी नहीं
और इस पर ये ख़रोश-ए-इस्लाम[2]

1 ख़ुदा का इन्कार करना 2 इस्लाम का हंगामा

जाओ ढूँडो हमें बुत-ख़ानों में
हम हैं आवाज़-ए-सरोश[1]-ए-इस्लाम

1 अच्छा पैग़ाम लाने वाला फ़रिश्ता

मुस्तक़िल[1] कुफ़्र की बेहोशी में
फ़रहत एहसास ब-होश-ए-इस्लाम[2]

1 स्थायी 2 इस्लाम के होश के साथ

कोई वा'दा कोई तहरीर[1] नहीं चाहता मैं
चाहिए तू तिरी जागीर नहीं चाहता मैं

1 लिखावट, लेख

रुख़्सत-ए-यार[1] की तक़रीब[2] है आँखों से कहो
उल्टी सीधी कोई तक़रीर[3] नहीं चाहता मैं

1 महबूब का जाना 2 समारोह 3 भाषण

वहशतो[1] दश्त की सरहद पे निगहबान[2] रहो
दूर तक कोई भी ता'मीर[3] नहीं चाहता मैं

1 दीवानगी 2 रक्षक 3 निर्माण, इ'मारत

हाल पूछूँ जो किसी का तो वो रोने लग जाए
लफ़्ज़ में ऐसी भी तासीर[1] नहीं चाहता मैं

1 प्रभाव

चाँद चाहे तो उतर आए मिरी छत पे मगर
इस मुलाक़ात की तश्हीर[1] नहीं चाहता मैं

1 प्रचार

जिस्म फ़ानी[1] है ज़रा अपने बदन को समझाओ
वस्ल[2] में अब कोई ताख़ीर[3] नहीं चाहता मैं

1 नश्वर 2 मिलन 3 विलंब

फ़रहत एहसास हूँ बाक़ी रहूँ फ़रहत एहसास
तर्ज़-ए-ग़ालिब[1] सुख़न-ए-मीर[2] नहीं चाहता मैं

1 ग़ालिब की शैली 2 मीर की शाइ'री

जितने दरिया हैं समुन्दर की तरफ़ खुलते हैं
हम भी दरिया हैं पर अन्दर की तरफ़ खुलते हैं

हुज्रा-ए-ज़ख़्म[1] से बाहर की कोई राह नहीं
कुछ दरीचे[2] हैं जो अन्दर की तरफ़ खुलते हैं

1 घाव की कुटिया 2 खिड़कियाँ

शाख़-ए-दुनिया[1] पे बस इक फूल है चेहरा उसका
दिल भी अक्सर उसी मन्ज़र की तरफ़ खुलते हैं

1 दुनिया की टहनी

सारे सहराओं पे दरवाज़ा है तन्हाई मिरी
सारे वीराने मिरे घर की तरफ़ खुलते हैं

ख़ून की धार को मा'लूम है मन्ज़िल अपनी
सब गले अपने ही ख़न्जर की तरफ़ खुलते हैं

सब की मिट्टी में हैं कुछ रास्ते अन्दर अन्दर
जो कहीं दूर समुन्दर की तरफ़ खुलते हैं

वो दिन भी आए कि हम ये अ'जीब खाना खाएँ
अमीर खाना पकाएँ ग़रीब खाना खाएँ

वो शब कहाँ कि खुले उस बदन का दस्तरख़्वान[1]
और उसके साथ में हम ख़ुश-नसीब[2] खाना खाएँ

1 कपड़े आदि का टुकड़ा जिस पर खाना खाते हैं 2 भाग्यशाली

हम अह्ल-ए-इ'श्क़ दुकान-ए-हवस[1] पे जाएँ न क्यों
जब उसकी दा'वत-ए-दिल[2] में रक़ीब[3] खाना खाएँ

1 वासना की दुकान 2 दिल की दा'वत 3 मा'शूक़ के दूसरे आ'शिक़

तमाम शह्र है फ़ाक़े[1] से और ग़ज़ब देखो
अमीर-ए-शह्र[2] और उसके हबीब[3] खाना खाएँ

1 भूखा 2 शासक 3 दोस्त

कोई तो आए जो नक़्क़ाद[1] का वलीमा[2] कराए
कि एक दिन तो ये शाइ'र-अदीब[3] खाना खाएँ

1 आलोचक 2 शादी के बा'द दूल्हे की ओर से दी जाने वाली दा'वत 3 कवि और साहित्यकार

यही है इ'श्क़ कि जब गुल[1] करें शिकम-सेरी[2]
तो उसके दूसरे दिन अ'न्दलीब[3] खाना खाएँ

1 फूल 2 पेट भर कर खाना 3 बुलबुल

पैकर-ए-अ’क़्ल[1] तिरे होश ठिकाने लग जाएँ
तेरे पीछे भी जो हम जैसे दिवाने लग जाएँ

1 बुद्धि से परिपूर्ण मूर्ति

उसका मन्सूबा[1] ये लगता है गली में उसकी
हम युँही ख़ाक उड़ाने में ठिकाने लग जाएँ

1 योजना

सोच किसकाम की रह जाएगी तेरी ये बहार
इस ख़िज़ाँ में भी अगर हम तुझे पाने लग जाएँ

सबके जैसी न बना ज़ुल्फ़ कि हम सादा-निगाह[1]
तेरे धोके में किसी और के शाने लग जाएँ

1 जिसकी आँखों में चालाकी न हो

रात भर रोता हूँ इतना कि अ’जब क्या इसमें
ढेर फूलों के अगर मेरे सिरहाने लग जाएँ

दश्त करना है हमें शह्र के इस गोशे[1] को
तो चलो काम पे हम सारे दिवाने लग जाएँ

1 कोना

फ़रहत एहसास अब ऐसा भी इक आहँग[1] कि लोग
सुन के अश्आ’र तिरे नाचने गाने लग जाएँ

1 संगीत, धुन

देते हैं अह्ल-ए-हुस्न[1] हमें जितनी गालियाँ
उतनी ही अह्ल-ए-शह्र[2] बजाते हैं तालियाँ

1 हुस्न वाले 2 शह्र वाले

आख़िर निकल ही आते हैं कुछ साँप रिज़्क़[1] के
जब भूख बीन जैसी बजाती है थालियाँ

1 भोजन

किस ख़ानदान-ए-हिज्र[1] का दामाद है ये इ'श्क़
बीवी के साथ आती हैं दस बीस सालियाँ

1 हिज्र का ख़ानदान

मेरे लिए तो हैं ये पियाले शराब के
तेरे लबों की चूमी हुई चाय-प्यालियाँ

खाने थे जितने पान मोहब्बत के खा चुके
अब तो तमाम उ'म्र कतरनी हैं छालियाँ

न ये मुम्किन[1] कि अपने दर्द को तहलील[2] कर दूँ
न ये मुम्किन कि उस बेदर्द को तब्दील[3] कर दूँ
1 संभव 2 विलीन 3 बदलना

मैं आँखों में इक ऐसी नींद लाना चाहता हूँ
जिसे देखूँ उसे इक ख़्वाब में तब्दील कर दूँ

ये सारा शह्र आप अपनी हवा में ही बिखर जाए
अगर अपनी तरफ़ से मैं ज़रा सी ढील कर दूँ

मुझे तन्हाई ने इतना ज़ियादा कर दिया है
जहाँ चाहूँ वहीं इक अन्जुमन[1] तश्कील[2] कर दूँ
1 महफ़िल 2 बनाना

मिरे बस में नहीं है वर्ना ता-रोज़-ए-क़यामत[1]
मैं इस दुनिया के दफ़्तर में अभी ता'तील[2] कर दूँ
1 क़यामत तक 2 छुट्टी

अभी मस[1] ही हुए हैं तेरे होंठों से मिरे होंठ
इजाज़त हो तो इस इज्माल[2] की तफ़्सील[3] कर दूँ
1 हल्का स्पर्श 2 संक्षेप 3 विस्तार, व्याख्या

मेरी कोई ता'रीफ़[1] नहीं है मैं वक़्फ़ों वक़्फ़ों में हूँ
जाने किन लम्हों में नहीं हूँ जाने किन लम्हों में हूँ

1 परिभाषा

बाक़ी हिस्सा पड़ा हुआ है जाने किस तारीकी में
मैं बस उतना ही ज़िन्दा हूँ जिस हद तक लफ़्ज़ों में हूँ

साँसों का आना जाना मेरे होने की दलील[1] नहीं
दो साँसों के बीच ख़ला[2] करने वाले लम्हों में हूँ

1 तर्क, बुनियाद 2 ख़ालीपन, शून्य

मुद्दत गुज़री एक इ'बादत[1] में फ़रियाद[2] गुज़ारी थी
मैं अपनी ही ज़ात[3] के घर में ना-जाएज़[4] क़ब्ज़ों में हूँ

1 पूजा, उपासना 2 गुहार 3 अपना आप 4 अवैध

वो उस्लूब[1] कहाँ से हासिल हो जो मुझको नज़्म करे
रज़्मीये[2] की एक कथा छोटी छोटी बह्‌रों[3] में हूँ

1 शैली 2 महाकाव्य 3 छंदों

मिरी हस्ती का रोना है कि मैं हूँ
ये मेरा कुछ न होना है कि मैं हूँ

न होता मैं तो ये दुख भी न होता
यही तो सारा रोना है कि मैं हूँ

रफ़ू करता हूँ फिर ख़ुद को कि ता-उ'म्र[1]
यही सीना-पिरोना है कि मैं हूँ

1 जीवन भर

चलाता फिर रहा हूँ हल ज़मीं में
कहीं इक बीज बोना है कि मैं हूँ

ये मेरा जिस्म ही क्या मेरी हद है
ये मिट्टी का खिलौना है कि मैं हूँ

ये रौनक़ मुझमें मेरी है कि उसकी
सब उसका जादू-टोना है कि मैं हूँ

बस अपनी ख़ाक ओढ़े पड़ रहा मैं
यही बस एक कोना है कि मैं हूँ

नहीं है फ़रहतुल्लह ख़ान होना
फ़क़त एहसास होना है कि मैं हूँ

जब उसको देखते रहने से थकने लगता हूँ
तो अपने ख़्वाब की पलकें झपकने लगता हूँ

जिसे भी प्यास बुझानी हो मेरे पास रहे
कभी भी अपने लबों से छलकने लगता हूँ

हवा-ए-हिज्र[1] दिखाती है सब्ज़ बाग़-ए-विसाल[2]
तो बाग़-ए-वह्म[3] में अपने महकने लगता हूँ
1 हिज्र की हवा 2 मिलन का उपवन 3 भ्रम का उपवन

छिड़कनी पड़ती है ख़ुद पर किसी बदन की आग
मैं अपनी आग में जब भी दहकने लगता हूँ

मैं ख़ुद को चख नहीं पाता कि तोड़ लेती है
मुझे हवा-ए-ख़िज़ाँ[1], जब भी पकने लगता हूँ
1 पतझड़ की हवा

बदन की कान से हीरे निकलने लगते हैं
मैं अपनी रात में अक्सर चमकने लगता हूँ

वो एक मन्ज़र-ए-नापैद[1] है कि जिसके लिए
मैं आँख होने की ख़ातिर फड़कने लगता हूँ
1 दृश्य जो देखने को नहीं मिलता

परिन्दे बोलने लगते हैं मुझमें रात गए
तो शाख़-ए-शे'र पे मैं भी चहकने लगता हूँ

जो कारनामा कभी कोई मुझसे हो जाए
तो अपनी पीठ मैं ख़ुद ही थपकने लगता हूँ

सुनाने लगता है अश्आ'र-ए-इ'श्क़[1] जब एहसास
मैं उसके सामने दिल सा धड़कने लगता हूँ

1 मोहब्बत की शाइ'री

अगर दुरुस्त है दुनिया तो फिर ग़लत मैं हूँ
कि उसकी रद में बनाई गई लुग़त[1] मैं हूँ

1 शब्दकोश

कोई निज़ाम[1] लगाता नहीं है मुंह मुझको
बचा हुआ हूँ अभी तक कि मन-घड़त मैं हूँ

1 व्यवस्था

हवस[1] के शह्‌र में अफ़्वाह जैसा उड़ता हुआ
किसी के नाम मोहब्बत का एक ख़त मैं हूँ

1 वासना

सुनाने वाला भी मैं और सुनने वाला भी मैं
और इस कहानी का अन्जाम[1] भी फ़क़त[2] मैं हूँ

1 अंत 2 सिर्फ़

तमाम शह्‌र खड़ा है मिरे नशे के ख़्लाफ़
नशे की झोंक में सच बोलने की लत[1] मैं हूँ

1 आ'दत

ख़िलाफ़-ए-गर्दिश-ए-मा'मूल[1] होना चाहता हूँ
मदद कर शह्र, ना-मक़्बूल[2] होना चाहता हूँ
1 जैसा होता रहा उसके विपरीत 2 अलोकप्रिय

चलो अपनी तरफ़ से बन्द कर लो मेरी आँखें
मैं अपने आपमें मशग़ूल होना चाहता हूँ

तिरे क़दमों पे रख दी देख ये दस्तार[1] मैंने
कि अपने आप से मा'ज़ूल[2] होना चाहता हूँ
1 पगड़ी 2 अपदस्थ

मैं रहना चाहता हूँ तेरे दामन से लिपट कर
सो तेरे रास्ते की धूल होना चाहता हूँ

सदा-ए-लम्स-ए-लब[1] दे भी कि मैं ग़ुन्चा सुख़न[2] का
बहुत दिन हो गए अब फूल होना चाहता हूँ
1 होंठों के स्पर्श की आवाज़ 2 शाइ'री की कली

तवज्जो हूँ मगर मर्कूज़[1] दुनिया पर हूँ कब से
अब आप अपनी तरफ़ मब्ज़ूल[2] होना चाहता हूँ
1 केन्द्रित 2 आना

बदन के हाथ का लिक्खा हुआ हूँ इ'श्क़-नामा[1]
और अपनी रूह को मौसूल[2] होना चाहता हूँ
1 प्रेम-पत्र 2 प्राप्त

मुझे घर भी चलाना है अब अपना फ़रहत एहसास
तो कुछ दिन के लिए मा'क़ूल[1] होना चाहता हूँ
1 समझदार

पहले दरिया से सहरा हो जाता हूँ
रोते रोते फिर दरिया हो जाता हूँ

तन्हाई में इक महफ़िल सी रहती है
महफ़िल में जा कर तन्हा हो जाता हूँ

उसके हुस्न के सामने तुम अपनी जानो
मैं तो बिल्कुल ही अंधा हो जाता हूँ

जिस्म पे जादू कर देती है वो आग़ोश[1]
मैं धीरे धीरे बच्चा हो जाता हूँ

1 खुली बाँहें

ख़ूब जुनूँ करता हूँ जब होता हूँ दुखी
इस पागलपन में अच्छा हो जाता हूँ

ऐसी रवाँ[1] होती है वस्ल[2] में अबजद-ए-जिस्म[3]
एक अलिफ़[4] चलता हूँ या[5] हो जाता हूँ

1 जारी 2 मिलन 3 शरीर की वर्णमाला 4 उर्दू वर्णमाला का पहला अक्षर 5 उर्दू वर्णमाला आख़िरी अक्षर

ख़ाक-ए-रवाँ[1] हूँ मरता हूँ इक जानिब[2] से
दूसरी जानिब से पैदा हो जाता हूँ

1 उड़ती हुई मिट्टी 2 ओर

जाने क्या होता है शाइ'री करते वक़्त
बिल्कुल फ़रहत एहसासा हो जाता हूँ

मैं बदन के अबद-आबाद[1] का बाशिन्दा[2] हूँ
कल जो था आज भी हूँ और वही आइन्दा[3] हूँ

1 हमेशा रहने वाली जगह 2 रहने वाला 3 आने वाला, भविष्य

बारिश-ए-मौत से खिल उठती है मिट्टी मेरी
इसी मिट्टी के करिश्मे के सबब[1] ज़िन्दा हूँ

1 कारण

इ'श्क़ की आग ने घर फूँक रखा है मेरा
और इसी ख़ाक[1] लगी आग में ताबिन्दा[2] हूँ

1 मिट्टी 2 चमकता

जिस्म-दर-जिस्म[1] जो दरिया-ए-तसलसुल[2] है रवाँ[3]
उसी दरिया-ए-तसलसुल का नुमाइन्दा[4] हूँ

1 एक बदन से दूसरे बदन तक 2 अविरलता की नदी 3 बहता हुआ
4 प्रतिनिधि

मौत के हाथ पे बैअ'त[1] है ज़रा सी ये हयात[2]
अपनी बैअ'त से न ख़ाइफ़[3] हूँ न शर्मिन्दा हूँ

1 किसी पीर का मुरीद या किसी के अधीन होना 2 जिन्दगी 3 डरा हुआ

कायनात[1] एक बड़े साज़[2] का बे-अंत आहंग[3]
मैं भी छोटा सा इस आहंग का साज़िन्दा[4] हूँ

1 ब्रह्मांड 2 वाद्य यंत्र 3 संगीत, धुन 4 साज़ बजाने वाला

एक इक बुझती हुई आँख को रौशन करना
फ़रहत एहसास मैं इक ख़्वाब का कारिन्दा1 हूँ

1 कर्मचारी

हवा बहुत तेज़ चल रही है मैं ख़ुद को भी तेज़ कर रहा हूँ
कि अपने अन्दर की इन्तिहाओं को और महमेज़[1] कर रहा हूँ
1 तेज़ करना

बदन हूँ मैं और बदन ज़मीं है ज़मीं में करता हूँ काश्तकारी[1]
जो मुझको बन्जर दिया गया था मैं उसको ज़रख़ेज़[2] कर रहा हूँ
1 खेती 2 उपजाऊ

मैं ज़िन्दगी कर रहा हूँ ऐसे कि शाइ'री होती जा रही है
कि सैल-ए-मा'नी[1] को लफ़्ज़-दर-लफ़्ज़[2] अंगेज़[3] कर रहा हूँ
1 अर्थ का सैलाब 2 एक एक शब्द में 3 अन्दर जम्अ' करना

बना रहा हूँ तुझे वो कुर्सी मैं जिस पे लिखने को बैठता था
तू मुझको तस्नीफ़[1] दे कि ख़ुद को तिरे लिए मेज़ कर रहा हूँ
1 रचना

तुझे पता भी नहीं चलेगा कि मेरा मज्ज़ूब[1] हो गया तू
मैं तेरी मिट्टी को अपने पानी में यूँ हम-आमेज़[2] कर रहा हूँ
1 विलीन होना, दीवाना 2 गूंधना

बना रहा हूँ मैं फ़रहतुल्लाह ख़ाँ के लफ़्ज़ों को फ़रहत एहसास
कहीं हो रूमी[1] कोई तो सुन ले कि ख़ुद को तबरेज़[2] कर रहा हूँ
1,2 मश्हूर सूफ़ी शाइ'र रूमी और उनके गुरु तबरेज़

रक़्स-ए-इल्हाम[1] कर रहा हूँ
मैं जिस्म-कलाम[2] कर रहा हूँ

1 सूफ़ियों का नृत्य 2 बात, शाइ'री

मेरी है जो ख़ास अपनी मिट्टी
इस ख़ास को आ'म कर रहा हूँ

इक मुश्किल-ए-सख़्त[1] आ पड़ी है
इक सुब्ह को शाम कर रहा हूँ

1 बड़ी मुश्किल

दुनिया से कहो ज़रा सा ठहरे
इस वक़्त आराम कर रहा हूँ

चुप-चाप पड़ा हुआ हूँ घर में
और शह्र में नाम कर रहा हूँ

मिट्टी को पलट रहा हूँ अपनी
पुख़्ता को ख़ाम[1] कर रहा हूँ

1 कच्चा, अनगढ़

क्या काम है जानना है मुझको
इक सिर्फ़ ये काम कर रहा हूँ

बे-रब्ती-ए-जिस्म-ओ-जाँ[1] फ़ुज़ूँ-तर[2]
तौहीन-ए-निज़ाम[3] कर रहा हूँ

1 शरीर और आत्मा के बीच बढ़ता हुआ अलगाव 2 बढ़ता हुआ ज़ियादा 3 व्यवस्था का अपमान

ख़ुश्बू-ए-ख़ुदा[1] लगा के ख़ुद पर
मज़हब को हराम कर रहा हूँ

1 ईश्वर की ख़ुश्बू

ईमान ने कुछ सुनी न मेरी
सो कुफ़्र[1] पे काम कर रहा हूँ

1 अधर्म

अल्लाह मियाँ के मश्वरे से
तर्क-ए-इस्लाम[1] कर रहा हूँ

1 इस्लाम छोड़ना

मस्जिद में खुली थी आँख मेरी
बुतख़ाने में शाम कर रहा हूँ

ऐ ज़िन्दाबाद फ़रहत एहसास
मैं तुझको सलाम कर रहा हूँ

मैं जो भी ज़िन्दगी सी कर रहा हूँ
बदन की जी-हुजूरी[1] कर रहा हूँ

1 चापलूसी

ये साँसें मिल्कियत[1] तो मौत की हैं
मुझे लगता है चोरी कर रहा हूँ

1 जायदाद, संपत्ति

बदन का क्या भरोसा कब चला जाए
तभी तो इतनी जल्दी कर रहा हूँ

बहुत तारीख़ का कूड़ा है हर सम्त[1]
मैं दुनिया की सफ़ाई कर रहा हूँ

1 ओर

ख़ुदा रज़्ज़ाक़[1] है सिर्फ़ इस यक़ीं[2] पर
ये कारोबार-ए-दीनी[3] कर रहा हूँ

1 अन्नदाता 2 विश्वास 3 धर्म का कारोबार

तुम्हें क्यों आस्मानी लग रही हैं
मैं बातें तो ज़मीनी कर रहा हूँ

जो पक्का दोज़ख़ी[1] है फ़रहत एहसास
रुला कर कुछ बहिश्ती[2] कर रहा हूँ

1 नर्क में जाने वाला 2 जिस स्वर्ग में जाना हो

मैं बिछड़ों को मिलाने जा रहा हूँ
चलो दीवार ढाने जा रहा हूँ

करोड़ों ख़ुश्क[1] लब[2] हैं साथ मेरे
समुन्दर को सुखाने जा रहा हूँ
1 सूखा 2 होंठ

मुसलसल[1] आँसुओं की फ़ौज ले कर
मैं सूरज को बुझाने जा रहा हूँ
1 लगातार

उधर कुछ लोग कब से रो रहे हैं
उन्हें ढारस बँधाने जा रहा हूँ

उधर मरहम लगा कर आ रहा हूँ
इधर मरहम लगाने जा रहा हूँ

ये दुनिया अब किसी क़ाबिल नहीं है
क़यामत[1] को बुलाने जा रहा हूँ
1 प्रलय

यहाँ मिलना मिलाना कुछ नहीं है
मगर मैं ख़ाक छाने जा रहा हूँ

जिन्हें चेहरा बदलना हो बदल लें
मैं अब पर्दा उठाने जा रहा हूँ

जहाँ जा कर कभी लौटा नहीं मैं
वहीं फिर जा के आने जा रहा हूँ

हुआ सहरा-नशीं[1] फिर फ़रहत एहसास
उसे वापस बुलाते जा रहा हूँ

1 वीराने में रहने वाला

मेरा तो कोई शे'र किसी बह्र[1] में नहीं
जब तक हर एक बह्र मिरी लह्र में नहीं

1 छंद

जान-ए-सुख़न[1] जो है तिरे होंठों के शह्दह में
ऐसी मिठास और किसी ज़ह्र में नहीं

1 शाइ'री की जान

शर्मिन्दा क्यों करे कोई सूरज की आग को
पीता हूँ मैं शराब प दोपह्र में नहीं

उ'श्शाक[1] आओ करते हैं जश्न-ए-बरहनगी[2]
सबकाम पर गए हैं कोई शह्र में नहीं

1 प्रेमियो 2 नग्नता का उत्सव

ऐ नेक रूह आ कि करें जिस्म के गुनाह
अल्लाह आज कैफ़ियत-ए-क़ह्र[1] में नहीं

1 गुस्से, क्रोध की हालत

एहसास लौट आइए आप अपने दश्त से
ऐसा है कौन दश्त जो इस शह्र में नहीं

अ'जब विसाल[1] कि तक़रीब-ए-रूनुमाई[2] नहीं
फिर ऐसा हिज्र कि जिसमें कहीं जुदाई नहीं
1 मिलन 2 मुंह-दिखाई का मौक़ा'

लिबास-ए-जिस्म[1] तो मौजूद है अभी तुझ पर
बरहना[2] होना मिरी जान बेहयाई[3] नहीं
1 बदन की पोशाक 2 निर्वस्त्र 3 बेशर्मी

वो इक ग़ज़ल थी मगर रूह की ज़मीन में थी
हमारे ख़ाक-ज़दा[1] क़ाफ़ियों[2] में आई नहीं
1 धूल से अटा 2 ग़ज़ल का वो शब्द जो हर शे'र में रदीफ़ से पहले बार बार आता है

ज़ियादा दिन नहीं टिकता किसी की नौकरी में
ये दिल का तर्ज़-ए-तअ'ल्लुक़[1] है बेवफ़ाई नहीं
1 संबंध का तरीक़ा

मैं इन्तिहाओं[1] से आग़ाज़[2] कर रहा हूँ ये इ'श्क़
सो इस सफ़र में क़दम कोई इब्तिदाई[3] नहीं
1 चरम 2 आरंभ 3 आरंभिक, शुरूआती

बदन तो भीगता रहता है बारिशों में बहुत
मगर मिरी बदनिय्यत[1] अभी नहाई नहीं
1 शारीरिकता

अलग-अलग ही अदा कीजिए ये दोगाना[1]
अगर नमाज़-ए-जमाअ'त[2] में हम-नवाई[3] नहीं

1 दो गायकों का साथ मिलकर, दो रक्अ'त की नमाज़ 2 सामूहिक नमाज़ 3 एक आवाज़ में बोलना

न भींच यूँ कि चटख़ जाए शीशा-ए-आग़ोश[1]
गिरफ़्त[2] ढीली भी रखने में कुछ बुराई नहीं

1 खुली बाँहों का शीशा 2 पकडे.

निशिस्त-ए-ख़ाक[1] से उट्ठा नहीं कभी एहसास
वो उठ के मस्नद-ए-रूहानियत[2] से आई नहीं

1 फ़र्श पर बैठना 2 अध्यात्म की गद्दी

सब ने'मतें[1] हैं शह्र में इन्सान ही नहीं
कुछ यूँ कि जैसे ये कोई नुक़्सान ही नहीं

इक आयत[1]-ए-वजूद[2] हूँ मिट्टी के ढेर में
मेरे नुजूल[3] की तो कोई शान ही नहीं

1 निशान, क़ुरआन के वाक्य 2 अस्तित्व 3 गिरना, प्रकट होना

काबीना-ए-वजूद[1] का मैं भी हूँ इक वज़ीर
ऐसा कि मेरा कोई क़लम-दान[2] ही नहीं

1 अस्तित्व का मंत्रि-मंडल 2 विभाग, दायित्व

ये जंग अब कहाँ हो बदन में कि रूह में
गोया1 कि इ'श्क़ का कोई मैदान ही नहीं

1 जैसे

दस्त-ए-जुनूँ[1] भी तंग हुआ दश्त-ए-इ'श्क़[2] में
अब चाक[3] क्या करूँ कि गरेबान ही नहीं

1 दीवानगी का हाथ 2 इ'श्क़ का वीराना 3 फटा होना

हैराँ हूँ अपने क़त्ल का इल्ज़ाम किसको दूँ
तौहीद[1] में तो शिर्क[2] का इम्कान[3] ही नहीं

1 एक ख़ुदा को मानना 2 ख़ुदा के सिवा भी किसी और को ख़ुदा मानना
3 संभावना

एहसास ने बुतों में ख़ुदा को किया शरीक
इस शिर्क के बग़ैर तो ईमान ही नहीं

जल्सा ये ता'ज़ियत[1] का अभी मुल्तवी[2] रखें
यूँही ज़रा सी देर को बस मर गया हूँ मैं

1 शोक व्यक्त करना 2 स्थगित

घर पर मिरे ये भीड़ युँही बेसबब[1] नहीं
मुझको ये लग रहा है कि कुछ कर गया हूँ मैं

1 अकारण

मेरा बदन है ये कि है गोदाम रूह[1] का
ख़ाली करो मुझे कि बहुत भर गया हूँ मैं

1 आत्मा

कुछ और बेहतरी का भी इम्कान[1] था प ख़ैर
आया था जितना उससे तो बेहतर गया हूँ मैं

1 संभावना

वो कह रहे हैं जो हमसे ख़ुदा की हम्द[1] लिखें
बताएँ कौन से किसके ख़ुदा की हम्द लिखें

1 प्रशंसा

बहुत से लड़ते-झगड़ते हुए ख़ुदाओं की हम्द
कि सबसे दूर अकेले ख़ुदा की हम्द लिखें

जो आस्मान पे रह कर ज़मीं पे हुक्म चलाए
न होगा हमसे कि ऐसे ख़ुदा की हम्द लिखें

ख़ुदा वो है जो मज़े दे हमें मोहब्बत के
वो हो तो ऐसे मज़े के ख़ुदा की हम्द लिखें

ख़ुदा वो है जो नशे में हमेशा धुत रक्खे
मिले तो ऐसे नशीले ख़ुदा की हम्द लिखें

ख़ुदा वो है जो बना हो हमारी मिट्टी से
तो ऐसे ख़ाक के पुतले ख़ुदा की हम्द लिखें

ख़ुदा वो है जो लगा हो हमारे पहलू से
तो जिस्म-ए-यार[1] के जैसे ख़ुदा की हम्द लिखें

1 प्रेमिका का शरीर

हमें दिलाओ ख़ुदा कोई जिस्म-ओ-जाँ वाला
कि जिस्म-ओ-जान लगा के ख़ुदा की हम्द लिखें

ये गोश्त-पोस्त[1] का मा'शूक़ है तो फिर एहसास
ग़ज़ब कि रूह के मारे ख़ुदा की हम्द लिखें

1 आदमी जैसा

हमारा ख़्वाब कुछ, कुछ और है ता'बीर[1] आँखों में
लिए फिरते हैं शायद हम ग़लत तस्वीर आँखों में

1 नतीजा

बहुत हैं तंग हम आवारगी-ए-दीद[1] से अपनी
कोई सूरत नहीं जो डाल दे ज़न्जीर आँखों में

1 नज़रों का भटकना

अ'जब मज्लिस अ'ज़ा[1] की है कि मज्मा'[2] कम नहीं होता
मुसलसल आँसुओं की है वही तक़रीर[3] आँखों में

1 शोक 2 भीड़ 3 भाषण

मोहब्बत देखनी हो तो उन आँखों पर नज़र रक्खो
अचानक ही उभर आती है ये तहरीर[1] आँखों में

1 लिखावट

भुला बैठा हूँ सारे ख़्वाब जो कल रात देखे थे
कि मेरी सुब्ह ने कर दी बहुत ताख़ीर[1] आँखों में

1 देर

उसी से मेरे दिन के ख़्वाब को ता'बीर[1] मिलती है
मैं सारी रात करता हूँ जो कुछ ता'मीर[2] आँखों में

1 स्वप्न-फल 2 निर्माण, बनाना

कुछ इतनी ज़ोर से भींचा है आग़ोश-ए-ख़मोशी[1] ने
कि खिंच कर आ गई लफ़्ज़ों की सब तासीर[2] आँखों में

1 चुप्पी की बाँहें 2 प्रभाव, असर

ये हुस्न आया है जब से हमारी बस्ती में
हर एक अ'क़्ल नज़र आ रही है मस्ती में

तभी तो मेरे जुनूँ पर दबिश[1] नहीं आती
मैं शह्र में भी हूँ सहरा की सरपरस्ती[2] में
1 दबाव, कमी 2 देख-रेख

ये मेरी फ़त्ह[1] का ए'लान कैसे होने लगा
तमाम उ'म्र तो गुज़री है ख़ुद-शिकस्ती[2] में
1 जीत, विजय 2 ख़ुद को तोड़ना

हम अपने चाक पे मस्रूफ़ रहने लगते हैं
अ'जब करामतें[1] होती हैं तंग-दस्ती[2] में
1 चमत्कार 2 हाथ तंग होना, दरिद्रता

हवा-ए-राहगुज़र[1] पर फ़रेफ़्ता[2] भी है दिल
सुकूँ भी ढूँडता रहता है घर-गृहस्ती में
1 रास्ते की हवा 2 मुग्ध, आशिक़

सुना है दश्त को वापस गए जनाब एहसास
मुलाज़मत[1] से सुबुक-दोश[2] हो के बस्ती में
1 नौकरी 2 कार्यमुक्त

मिरे सुबूत बहे जा रहे हैं पानी में
किसे गवाह बनाऊँ सरा-ए-फ़ानी[1] में

1 नश्वर संसार

जो आँसुओं में नहाते रहे सो पाक रहे
नमाज़ वर्ना किसे मिल सकी जवानी में

हमीं थे ऐसे कहाँ के कि अपने घर जाते
बड़े-बड़ों ने गुज़ारी है बे-मकानी[1] में

1 बेघर-बार

ये बेकनार[1] बदन कौन पार कर पाया
बहे चले गए सब लोग इस रवानी में

1 बेअंत

कहानी ख़त्म हुई तब मुझे ख़याल आया
तिरे सिवा भी तो किर्दार[1] थे कहानी में

1 चरित्र

न चाहिए मुझे वो आस्माँ जो मेरा न हो
मैं ख़ुश हूँ अपनी ही मिट्टी की आस्मानी में

हम हैं इन्सान इसलिए लाज़िम[1] है कि मुसलसल काम करें
कोई ख़ुदा तो नहीं हैं हम जो सातवें दिन आराम करें
1 ज़रूरी

हम तो हैं बन्दे जान-ओ-बदन से आपके हुस्न के ताबे'दार[1]
आप हैं आक़ा[2] हम जैसे चाहे जितनों को ग़ुलाम करें
1 सेवक 2 मालिक

हमको तो आ'दत है रातों में जागने रोने-गाने की
हमको हमारे हाल पे छोड़ें नींद न अपनी हराम करें

आपकी आँखों से लफ़्ज़ों का रिज़्क़[1] उतरता है हमपर
आप जो चाहें सूखा रक्खें या बारिश इल्हाम[2] करें
1 खाना, खाद्य 2 अंतर्बोध कराना

बहुत ज़मीन बहुत आस्माँ मिलेंगे तुम्हें
प हम-से ख़ाक के पुतले कहाँ मिलेंगे तुम्हें

ख़रीद लो अभी बाज़ार में नए हैं हम
कि बा'द में तो बहुत ही गराँ[1] मिलेंगे तुम्हें

1 महँगा

अब इब्तिदा-ए-सफ़र[1] है तो जो है कह सुन लो
हम इसके बा'द न जाने कहाँ मिलेंगे तुम्हें

1 यात्रा की शुरूआ'त

जो रास्ते में मिले कोई मस्जिद-ए-वीराँ[1]
तो हम वहीं कहीं वक़्त-ए-अज़ाँ[2] मिलेंगे तुम्हें

1 सूनी मस्जिद 2 अज़ान (नमाज़ के लिए बुलाना) का वक़्त

हम इन्तिहा[1] में मिलेंगे गर इब्तिदा[2] में नहीं
नहीं वहाँ भी तो फिर दर्मियाँ[3] मिलेंगे तुम्हें

1 अंत 2 आरंभ 3 बीच

ठहर ही जाएँगे आख़िर कहीं जनाब एहसास
पर अपने शे'र में यूँही रवाँ[1] मिलेंगे तुम्हें

1 जारी, बहता हुआ

आब-ए-चश्म[1] आए और नहाऊँ मैं
कुछ पियूँ और कुछ बहाऊँ मैं

1 आँसू

आँसुओं का है इन्तिज़ार मुझे
पानी बरसे तो लहलहाऊँ मैं

मैं कि मज़दूर-ए-इ'श्क़ ख़ूँ में नहाऊँ
क्यों पसीने में ही नहाऊँ मैं

मेरे मरने पे लोग रोने लगे
उनके रोने पे क़हक़हाऊँ[1] मैं

1 ठहाका लगाना

हो गया वस्ल[1] जितना होना था
बिस्तर-ए-जिस्म[2] अब तहाऊँ[3] मैं

1 मिलन 2 बदन का बिछौना 3 सैंतना, लपेटना

वो मुझे जितना सीधी राह पे लाए
और उतना ही गुम-रहाऊँ[1] मैं

1 भटकना

साँप हूँ मैं तो ये ज़रा सा क्यों
ख़ूब ज़हराऊँ[1] अज़दहाऊँ[2] मैं

1 ज़ह्‌र से भरना 2 अजगर बनना

चाहे जितना हूँ फ़रहतुल्लह ख़ान
फ़रहत एहसास ही कहाऊँ मैं

मैं रोना चाहता हूँ ख़ूब रोना चाहता हूँ मैं
और इसके बा'द गहरी नींद सोना चाहता हूँ मैं

तिरे होंठों के सहरा में तिरी आँखों के जंगल में
जो अब तक पा चुका हूँ उसको खोना चाहता हूँ मैं

ये कच्ची मिट्टियों का ढेर अपने चाक पर रख ले
तिरी रफ़्तार का हम-रक़्स[1] होना चाहता हूँ मैं

1 साथ नाचना

तिरा साहिल[1] नज़र आने से पहले इस समुन्दर में
हवस[2] के सब सफ़ीनों[3] को डुबोना चाहता हूँ मैं

1 कनारा 2 वासना 3 नाव

कभी तो फ़स्ल[1] आएगी जहाँ में मेरे होने की
तिरी ख़ाक-ए-बदन[2] में ख़ुद को बोना चाहता हूँ मैं

1 खेती 2 बदन की मिट्‌टी

मिरे सारे बदन पर दूरियों की ख़ाक[1] बिखरी है
तुम्हारे साथ मिल कर ख़ुद को धोना चाहता हूँ मै

1 मिट्टी

असीर-ए-ख़ाक[1] भी हूँ ख़ाक से रिहा भी हूँ मैं
मैं जी रहा हूँ तो देखो मरा पड़ा भी हूँ मैं
1 मिट्टी का क़ैदी

मैं एक लम्हा-ए-हाज़िर[1] बिला सियाक़-ओ-सबाक़[2]
और अपने लम्हा-ए-हाज़िर का हाफ़िज़ा[3] भी हूँ मैं
1 वर्तमान 2 सन्दर्भ 3 स्मरण

मैं एक फ़र्द[1] सफ़-आरा[2] मुआ'शरे[3] के ख़िलाफ़
और एक फ़र्द में पूरा मुआ'शरा भी हूँ मैं
1 शख़्स 2 लड़ाई के लिए तय्यार 3 समाज

निकल भी आया हूँ उस कूचा-ए-तग़ाफ़ुल[1] से
और उसके दर पे बहुत सा पड़ा हुआ भी हूँ मैं
1 नज़र अन्दाज़ करने वालों की गली

मैं अपनी ख़ाक में लत-पत पड़ा हुआ हूँ अभी
मगर न भूल कि पर्वर्दा-ए-हवा[1] भी हूँ मैं
1 हवा का पाला हुआ

किसी भी लफ़्ज़ के जैसा नहीं है लफ़्ज़ मिरा
इधर-उधर से बहुत सा कहा सुना भी हूँ मैं

अगरचे ठीक से बन्दा भी मैं नहीं एहसास
मगर कभी कभी इक लम्हः-ए-ख़ुदा भी हूँ मैं

हम न प्यासे हैं न पानी के लिए आए हैं
तेरे हमराह[1] रवानी[2] के लिए आए हैं

1 साथ 2 बहाव

ओ'हदा-ए-इ'श्क़[1] से बर्ख़ास्त हम इस दुनिया में
ख़ाक की ख़ुल्द-मकानी[2] के लिए आए हैं

1 इ'श्क़ का पद 2 जन्नत का घर

महफ़िल-ए-हाल[1] में कल माज़ी[2]-ओ-मुस्तक़बिल[3] आए
और कहा मर्सिया-ख़्वानी[4] के लिए आए हैं

1 वर्तमान 2 अतीत 3 भविष्य 4 शोक-गान

क़िस्सा-गो[1], नींद नहीं आई बहुत दिन से हमें
तेरे पास एक कहानी के लिए आए हैं

1 कहानी सुनाने वाला

ज़िन्दगी चुप न करा इनको कि बेचारे ये जिस्म
चन्द दिन चर्ब-ज़बानी[1] के लिए आए हैं

1 बनावटी बातें करना

फ़रहत एहसास को ख़ामोश न होने देना
कि मियाँ सिद्क़-बयानी[1] के लिए आए हैं

1 सच बोलना

घर बनाने में तमाम अह्ल-ए-सफ़र लग गए हैं
क्या तमाशे ये सर-ए-राहगुज़र[1] लग गए हैं

1 रास्ते में

तोड़ कर बन्द-ए-क़बा[1] जिस्म उड़ा जाता है
कैसे इस ख़ाक की दीवार को पर लग गए हैं

1 पोशक के बंधन

सिर्फ़ इक तुझसे बिछड़ने का नहीं ख़ौफ़[1] हमें
साथ में अबके कई और भी डर लग गए हैं

1 डर

सब्ज़ा-ए-मुन्तज़िर[1] इस दर्जा नुमू[2] को पहुँचा
देख हम दर पे तिरे मिस्ल-ए-शजर[3] लग गए हैं

1 राह देखती हरियाली 2 बढ़ना 3 पेड़ की तरह

जश्न-ए-गिर्या[1] तो किया था मिरी आँखों ने शुरूअ'
साथ अब शह्र के सब दीदा-ए-तर[2] लग गए हैं

1 रोने का जश्न 2 भीगी आँखें

कैसी अफ़्वाह उड़ी तुझसे मिरे रिश्ते की
सब तिरे चाहने वाले मिरे घर लग गए हैं

हुस्न तो है ही नई तर्ह से आतिश-अंगेज़[1]
आइने को भी नए बर्क़-ओ-शरर[2] लग गए हैं

1 आग भड़काने वाला 2 बिजली और चिंगारी

कारख़ाना है उसी हुस्न का आ'लम[1] सारा
बस जिधर उसने लगाया है उधर लग गए हैं

1 दुनिया

जिसकी पादाश[1] में है दर-ब-दरी[2] का ये इ'ताब[3]
फिर उसी काम पे हम शह्र-बदर[4] लग गए हैं

1 सजा 2 भटकते रहना 3 ग़ुस्सा 4 शह्र से निकाले हुए

फ़रहत एहसास में क्या देखा जो उसके पीछे
आँखें दिखलाते हुए अह्ल-ए-नज़र[1] लग गए हैं

1 पारखी, बुद्धिमान

बादल इस बार जो इस शह्र पे छाए हुए हैं
सब मिरे दीदा-ए-नमनाक[1] के लाए हुए हैं
1 नम आँख

रास्ते में नज़र आते हैं न पहुँचे हैं कहीं
हम किसी बीच के मन्ज़र के लुभाए हुए हैं

बदन-ए-यार[1] ये सब रंग तिरे अपने हैं
या किसी दस्त-ए-मोहब्बत[2] के लगाए हुए हैं
1 महबूब का बदन 2 मोहब्बत का हाथ

कितने समझौते हवाओं से किए बैठे हैं
जो सर-ए-राह[1] चराग़ अपने जलाए हुए हैं
1 रास्ते पर

उसके होंठों के भँवर गहरे क़यामत-ख़ेज़[1] हैं
उसके बोसों[2] में कहीं भी दूर तक साहिल[3] नहीं

1 क़यामत ढाने वाले 2 चुंबन 3 किनारा

उससे मिलना उसको छूना और मर जाना वहीं
इतना छोटा सा विसाल-ए-यार[1] भी हासिल नहीं

1 महबूब से मिलन

दो बदन थे सो वो अपनी आग का ईंधन हुए
अब हवा कोई हमारे दर्मियाँ हाइल[1] नहीं

1 रुकावट

न बच्चे जानते हैं और न माएँ जानती हैं
कि बस घर के चराग़ों को हवाएँ जानती हैं

बहुत से मुर्दा जिस्मों में भी होती है बहुत जान
इसे चिंताएँ जानें या चिताएँ जानती हैं

लिबासों के ज़बाँ होती तो उनसे पूछते हम
बदन का हुस्न सिर्फ़ उसकी क़बाएँ[1] जानती हैं
1 लिबास

जो है अर्धांगिनी खुलते कहाँ पूरे हम उस पर
हमें पूर्णांगिनी बस फ़ाहिशाएँ[1] जानती हैं
1 चरित्रहीन औरतें

हमारी बुत-परस्ती[1] से ख़फ़ा कितनी है मस्जिद
ये बुत-ख़ाने की बाग़ी[2] आस्थाएँ जानती हैं
1 मूर्तिपूजा 2 विद्रोही

यज़ीदी[1] या हुसैनी[2] किस तरफ़ की हैं ये रूहें[3]
बदन में होने वाली कर्बलाएँ[4] जानती हैं
1 यज़ीद को मानने वाले 2 हुसैन को मानने वाले 3 आत्माएँ 4 वो जगह
जहाँ इमाम हुसैन को यज़ीद ने क़त्ल कराया

तिरा दिल यूँ अचानक बुझ गया क्यों फ़रहत एहसास
तुझे तो शहर की सब दिल-रुबाएँ[1] जानती हैं
1 हसीनाएँ

वो महफ़िलें पुरानी अफ़्साना हो रही हैं
उस बज़्म में तो शम्एँ' पर्वाना हो रही हैं

शायद कि मैं बहुत जल्द इस्लाम तर्क[1] कर दूँ
बातें जो एक बुत से रोज़ाना हो रही हैं

1 छोड़

है हद्द-ए-दिल[1] से आगे रफ़्तार उसके ख़ूँ की
और धड़कनें भी ख़ुद से बेगाना[2] हो रही हैं

1 दिल की सीमा 2 पराया

मैं हँस रहा हूँ सुन कर, बारे में ज़िन्दगी के
क्या जिस्म-ओ-जाँ में बातें बचकाना हो रही हैं

बाग़-ए-बदन में उसके बे-रंग-ओ-बू रहे हम
अब ख़्वाहिशें बतौर-ए-जुर्माना[1] हो रही हैं

1 जुर्माने के रूप में

मिट्टी के कान में ये क्या कह दिया हवा ने
सब ख़्वाहिशें बदन् से बेगाना[1] हो रही हैं

1 पराया

इक दिन जो फ़रहत एहसास उट्ठा नमाज़ पढ़ने
देखा कि मस्जिदें भी बुतख़ाना[1] हो रही हैं

1 मंदिर, शिवाला

तमाम शह्र की ख़ातिर चमन से आते हैं
हमारे फूल किसी के बदन से आते हैं

पड़ा हूँ उसके बदन के बिदेस में कब से
मैं क्या पढ़ूँ जो ये नामे[1] वतन से आते हैं

1 पत्र

कि जैसे तपता तवा और बूँद पानी की
ज़मीं पे हम भी इसी तर्ह छन से आते हैं

हम आप-बीती सुनाते हैं सादा लफ़्ज़ों में
ये सारे शे'र हमें तर्क-ए-फ़न[1] से आते हैं

1 कला का परित्याग

ज़माने भर से है एहसास जी की चाल अलग
हर एक बज़्म में वो बद-चलन से आते हैं

महफ़िल-ए-शब[1] में जो हम अपनी हवा बाँधते हैं
रक़्स[2] में कितने ही महताब[3] अदा बाँधते हैं

1 रात की महफ़िल 2 नृत्य 3 चाँद

अबके जिस्मों में चली है वो हवा-ए-इज़्हार[1]
और खुल जाते हैं जितनी भी क़बा[2] बाँधते हैं

1 अभिव्यक्ति की हवा 2 वस्त्र

फ़र्श[1] से अ'र्श[2] तलक सबसे मसावी[3] है सुलूक
आदमी के ही बराबर में ख़ुदा बाँधते हैं

1 ज़मीन 2 आस्मान 3 बराबर

ख़ौफ़-ए-जाँ[1] से नहीं जाएगा कभी जानिब-ए-शह्‌र[2]
हम तभी तो दिल-ए-वहशी[3] को खुला बाँधते हैं

1 जान का डर 2 शह्‌र की ओर 3 दीवाना दिल

'मीर' साहब का मरज़ हमको नहीं है फिर भी
उसी अ'त्तार[1] के लौंडे ही दवा बाँधते हैं

1 इत्र बेचने वाला

लफ़्ज़ हमसे भी पुराने हैं मगर हैरत है
बाँधते जब भी हैं मज़्मून[1] नया बाँधते हैं

1 विषय

बेशतर[1] सो गए बाक़ी जो हैं बेज़ौक़-ए-समाअ'[2]
फ़रहत एहसास अब आलात-ए-ग़िना[3] बाँधते हैं

1 अधिकतर लोग 2 संगीत के प्रति सुरूचि से वंचित 3 वाद्य यंत्र

तेरे सूरज को तिरी शाम से पहचानते हैं
ज़िन्दगी हम तुझे अन्जाम से पहचानते हैं

किस क़दर धूप कमाता है यहाँ कोई उसे
रौनक़-ए-मशग़ला-ए-शाम[1] से पहचानते हैं

1 शाम में किये जाने वाले काम की रौनक़

इ'श्क़ वाले तो उठाते ही नहीं अपनी निगाह
हुस्न को हुस्न के अहकाम[1] से पहचानते हैं

1 आदेश

ख़ास अन्दाज़ से ख़त लिखता है वो पर्दा-नशीं[1]
हम उसे नुदरत-ए-पैग़ाम[2] से पहचानते हैं

1 पर्दे में रहने वाला 2 सन्देश का अनोखापन

कौन करता है पस-ए-पर्दा-ए-आईना[1] कलाम
अ'क्स[2] को हैरत-ए-इल्हाम[3] से पहचानते हैं

1 आइने में छुप कर 2 प्रतिबिम्ब 3 हैरत में डालने वाला अंतर्बोध

सख़्त तक्लीफ़ उठाई है उसे जानने में
इसलिए अब उसे आराम से पहचानते हैं

सच फटे-हाल सा फिरता है गली-कूचों में
सच को अक्सर इसी अन्जाम से पहचानते हैं

मैंने तर्दीद[1] तो भेजी थी प शाए'[2] न हुई
अह्ल-ए-शह्र[3] अब मुझे इल्ज़ाम से पहचानते हैं

1 खंडन 2 प्रकाशित 3 शह्र वाले

कैसे नक़्क़ाद[1] हैं ये, इतनी बड़ी शाइ'री को
बस रिआ'यात[2] से ईहाम[3] से पहचानते हैं

1 आलोचक 2,3 शाइ'री के अलंकार

फ़रहत एहसास कभी घर से निकलता ही नहीं
शह्र वाले उसे बस नाम से पहचानते हैं

ये ख़ूबाँ[1] शह्र के हमसे बहुत हुश्यारी करते हैं
हमें सादा समझ कर ख़ूब ख़ुश-गुफ़्तारी[2] करते हैं

1 हसीनाएँ 2 बात करने की कला

बड़ी मुश्किल से तोड़े हैं ये मा'मूलात-ए-हिज्र[1] आख़िर
सो इक अ'र्सा हुआ दिन में ही शब-बेदारी[2] करते हैं

1 विरह के समय की आदतें 2 रातों में जागना

नहीं पाते दर-ओ-दीवार में घर की कोई सूरत
तो हम घर के तसव्वुर में दर-ओ-दीवारी करते हैं

कहानी जो कराती है वही तो हमको करना है
भला हो या बुरा हो हम तो बस किर्दारी[1] करते हैं

1 पात्र निभाना

हमें तय्यार होने की ज़रूरत ही नहीं पड़ती
कि सारी ज़िन्दगी मरने की ही तय्यारी करते हैं

तो हम क़ानून-शिकनी[1] की तरह करते हैं रात अपनी
सहर से शाम तक हर काम जब सरकारी करते हैं

1 क़ानून तोड़ना

शराबें तो कलीदें[1] हैं लहू के क़ैद-ख़ानों[2] की
सो ताले तोड़ते हैं और दरिया जारी करते हैं

1 चाबी 2 जेल, कारावास

सुना है तन्दुरुस्ती इ'श्क़ में अच्छी नहीं होती
चलो जी फ़रहत एहसास अब ज़रा बीमारी करते हैं

ख़ाक के ज़ख़्म को पानी से रफ़ू[1] करते हैं
देख हम कितनी रवानी से रफ़ू करते हैं

1 सिलना, टाँका लगाना

कभी करते हैं रफ़ू ख़ून की इक धार से हम
और कभी अश्क-फ़िशानी[1] से रफ़ू करते हैं

1 आँसू टपकाना

कसरत-ए-ख़्वाब[1] से फट जाती हैं अक्सर आँखें
हम इन आँखों को कहानी से रफ़ू करते हैं

1 सपनों का बाहुल्य

देर तक एक जगह रहने से आ जाते हैं ज़ख़्म
तो उन्हें नक़्ल-ए-मकानी[1] से रफ़ू करते हैं

1 घर बदलना

हम वो बदबख़्त[1] मुहाजिर[2] हैं कि हिज्रत[3] के शिग़ाफ़[4]
मुस्तक़िल हिज्रत-ए-सानी[5] से रफ़ू करते हैं

1 अभागा 2 अपना देश छोड़ के जाने वाला 3 पलायन 4 सुराख़, छेद
5 पुनर्पलायन

संग-ए-एहसास[1] इधर आ कि रुला कर तुझको
तिरा पत्थर तिरे पानी से रफ़ू करते हैं

1 एहसास का पत्थर

ग़ुरूर-ए-कातिब-ए-तक़्दीर[1] तोड़ डालते हैं
चलो ये आब्ला-ए-बख़्त[2] फोड़ डालते हैं
1 भाग्य लिखने वाले का घमंड 2 क़िस्मत का छाला

जो हमने देखा उसे कोई और क्यों देखे
हम उसके जाते ही आईना तोड़ डालते हैं

रक़ीब हैं तिरे कूचे के सब सग-ए-दुनिया[1]
जो आ'शिक़ आता है उसको भंभोड़ डालते हैं
1 दुनिया के कुत्ते

बिगड़ने देते नहीं हम मोहब्बतों का हिसाब
मकान-ए-नफ़्अ'[1] ख़सारों[2] से तोड़ डालते हैं
1 फ़ायदे का मकान 2 नुक़्सान

करे जो एक भी नेकी तो उसके खाते में
हम अपनी नेकियाँ लाखों करोड़ डालते हैं

न बच रहे कहीं मा'नी के नूर की कोई बूँद
हम अपना क़ाफ़िया इतना निचोड़ डालते हैं

हमारी नींद से हमको उठा नहीं पाते
ये ज़लज़ले जो ज़मीं को झिंझोड़ डालते हैं

सिवाए इ'श्क़ किसी काम के नहीं एहसास
कोई भी काम दिया जाए गोड़[1] डालते हैं
1 ख़राब करना

ख़ुदा ख़ामोश बन्दे बोलते हैं
बड़े चुप हों तो बच्चे बोलते हैं

सुनो सरगोशियाँ[1] कुछ कह रही हैं
ज़बाँ-बन्दी में ऐसे बोलते हैं

1 धीमी आवाज़ में बात करना

मोहब्बत कैसे छत पर जाए छुप कर
क़दम रखते ही ज़ीने बोलते हैं

ये हम ज़िन्दों से मुम्किन ही नहीं है
जो कुछ मुर्दों से मुर्दे बोलते हैं

हम इन्सानों को आता है बस इक शोर
तरन्नुम में परिन्दे बोलते हैं

ख़मोशी सुनती है जब अपनी आवाज़
तो सीनों में दफ़ीने[1] बोलते हैं

1 गड़े हुए ख़ज़ाने

मैं पैग़ंबर नहीं हूँ फिर भी मुझमें
कई गुमसुम सहीफ़े[1] बोलते हैं

1 आस्मानी किताबें

यही है वक़्त बोलो फ़रहत एहसास
कि हर जानिब कमीने बोलते हैं

बदन बाँधे हुए साँसों की रहदारी[1] में रहते हैं
कि हम हर दम कहीं जाने की तय्यारी में रहते हैं
1 कॉरिडोर

न हों आँसू तो ये आँखें भली लगती नहीं हमको
सो अक्सर आप अपनी ही दिल-आज़ारी[1] में रहते हैं
1 दिल दुखाना

हमें मा'लूम है रौनक़ ये बाज़ारों की झूठी है
मगर फिर भी फ़रेब-ए-हुस्न-ए-बाज़ारी[1] में रहते हैं
1 बाज़ार के हुस्न का धोका

हमारे दिल तो हैं मस्रूफ़[1] सरकारें गिराने में
बदन ता'मील-ए-अहकामात-ए-सरकारी[2] में रहते हैं
1 व्यस्त 2 सरकारी आदेशों का पालन

दबे हैं ख़ाक में कितने ही सूरज चाँद और तारे
सो हम अपनी ज़मीं की आस्माँ-कारी[1] में रहते हैं
1 आस्माँ बनाना

हमारी शाइ'री इक मुस्तक़िल होली का मौसम है
हज़ारो रंग इस लफ़्ज़ों की पिचकारी में रहते हैं

जनाब-ए-फ़रहत एहसास अब न शहरी हैं न सहराई[1]
मुसलसल दर्मियान-ए-ख़्वाब-ओ-बेदारी[2] में रहते हैं
1 वीराने में रहने वाला 2 नींद और जागने के बीच की हालत

हम अपने आपको अपने से कम भी करते रहते हैं
और इस नुक़्सान पर बेकार ग़म भी करते रहते हैं

उठाते रहते हैं दिन रात दीवार-ए-वजूद[1] अपनी
मगर दीवार को थोड़ा सा ख़म[2] भी करते रहते हैं

1 अस्तित्व की दीवार, 2 टेढ़ा

हम उसके हुस्न का जादू भी चढ़ने देते हैं ख़ुद पर
और अपने आप पर कुछ पढ़ के दम[1] भी करते रहते हैं

1 मंत्र-जाप

हमें भी शह्र की रौनक़ बुला ले जाती है अक्सर
मगर हम शह्र की रौनक़ से रम[1] भी करते रहते हैं

1 भागना

हमें जब ख़ूब चढ़ जाता है नश्शा अपनी हस्ती का
तो इस नश्शे में हम रक़्स-ए-अ'दम[1] भी करते रहते हैं

1 ख़ुद को मिटा देने वाला नृत्य

ये आईना हमारे रू-ब-रू[1] जो कुछ भी करता है
वही सब आइने के साथ हम भी करते रहते हैं

1 सामने

कभी जब फ़रहत एहसास अपना अफ़्साना सुनाते हैं
उसे अपनी हक़ीक़त का अ'लम[1] भी करते रहते हैं

1 झंडा

क्या सच-मुच आप मेरे पास आना चाहते हैं
या सिर्फ़ मेरे दिल को दहलाना चाहते हैं

सारी हक़ीक़तों[1] की शम्ओं' की लौ कतर दो
अब लोग रौशनी का अफ़्साना[2] चाहते हैं

1 सच्चाइयाँ 2 कहानी

आग़ोश-ए-वस्ल[1] अब भी कितनी रिवायती[2] है
शादी-शुदा बदन भी शर्माना चाहते हैं

1 मिलन के लिए खुली बाँहें 2 पारंपरिक

सब मस्जिदें गिरा कर सब मन्दिरों को ढा कर
हम इक शराब-ख़ाना[1] बनवाना चाहते हैं

1 मदिरालय

भर जाएँ सब पुराने ज़ख़्मों से कोई कह दे
कितने बहुत से ताज़ा ज़ख़्म आना चाहते हैं

हम कितना चाहते हैं अब तुझसे क्या बताएँ
चौबीस घंटे हर पल रोज़ाना चाहते हैं

पानी का बुलबुला भी कहते हैं आप इसको
फिर आप इस बदन को क्यों पाना चाहते हैं

एहसास फ़रहत अब हैं कल थे जो फ़रहत एहसास
दीवान[1] अपना उल्टा छपवाना चाहते हैं

1 काव्य संग्रह

उसी सहरा के हम भी हैं जहाँ दीवाने जाते हैं
हक़ीक़त के तआ'क़ुब[1] में जहाँ अफ़्साने जाते हैं
1 पीछा करते हुए

दर-ओ-दीवार वाले तुम दुरून-ए-ख़ाना[1] वाले हम
सो तुम मस्जिद की जानिब जाओ हम मयख़ाने[2] जाते हैं
1 घर के अन्दर 2 शराब ख़ाना

उन्हें ये फ़िक्र उनके शह्र की तौसीअ'[1] कैसे हो
मुझे तश्वीश[2] मेरे हाथ से वीराने जाते हैं
1 फैलाव, विस्तार 2 आशंका

हमारा दश्त क्या सरसब्ज़[1] है आब-ए-नदामत[2] से
कि सारे अह्ल-ए-शह्र[3] अक्सर वहीं पछताने जाते हैं
1 हरा-भरा 2 शर्मिन्दगी का पानी 3 शह्ल वाले

वो मिट्टी का बदन है या कोई जादू की पुड़िया है
उसी लम्हे नहीं होता जब उसको पाने जाते हैं

वहीं शायद कोई अगली शनासाई[1] की महफ़िल हो
तो चल देते हैं हम भी जिस तरफ़ बेगाने[2] जाते हैं
1 जान पहचान 2 अपरिचित

अंधेरी रात थी बारिश थी और मस्जिद का दरवाज़ा
तो देखा फ़रहत एहसास एक दम मस्ताने जाते हैं

जिस्म के सब पैमाने[1] उल्टे हो जाते हैं
हम उसकी आग़ोश[2] में बच्चे हो जाते हैं
1 मापढंड 2 आलिंगन

ख़ूब जुनूँ[1] करते हैं दिल दुखता है जब भी
और इस पागलपन में अच्छे हो जाते हैं
1 दीवानगी, इ'श्क़

वस्ल[1] से पहले ख़ून में नहलाती है मोहब्बत
झूठे भी हों जिस्म तो सच्चे हो जाते हैं
1 मिलन

मेरे बदन को क्या शौक़-ए-पस्मान्दगी[1] है
फल मेरे पक कर फिर कच्चे हो जाते हैं
1 पिछड़ेपन की लालसा

जीने की रफ़्तार है तेज़ और मरने की भी
सारे काम अब वक़्त से पहले हो जाते हैं

क़दम क़दम है इक आफ़त शराब पीते हैं
कि हम निजात[1] की सूरत शराब पीते हैं

1 छुटकारा

तमाम अह्ल-ए-सियासत[1] को ख़ून पीने दो
चलो हम अह्ल-ए-मोहब्बत[2] शराब पीते हैं

1 राजनीतिज्ञ 2 प्रेम करने वाले

जो ज़ह्र-ए-अ'क़्ल[1] बहुत पी रहे हैं शह्र के लोग
तो आ इधर मिरी वहशत[2], शराब पीते हैं

1 बुद्धि का विष 2 दीवानगी

हुई है ख़्वाब की मौत और कोई रोता नहीं
उठाओ जाम-ए-हक़ीक़त[1] शराब पीते हैं

1 सच्चाई का प्याला

नहीं बई'द[1] जो कल हम भी ख़ून पीने लगें
अभी यही है ग़नीमत[2] शराब पीते हैं

1 दूर होना 2 अच्छा

हम अपने शे'र में कुछ पहलू-ए-ज़म[1] डाल देते हैं
कोई टोके तो ज़म में और भी दम डाल देते हैं

1 अश्लीलता का पहलू

बहुत ऊँचे सुरों में बोलता है जब कोई हमसे
तो हम ऊँचे सुरों में अपना मद्धम डाल देते हैं

सुलझने ही न देंगे हम कभी उस ज़ुल्फ़-ए-सरकश[1] को
सुलझने पर जब आती है तो फिर ख़म[2] डाल देते हैं

1 ज़िद्दी / विद्रोही बाल 2 उलझाव, टेढ़ापन

हमारे ज़ख़्म मरहमको समझते हैं ग़िज़ा[1] अपनी
सो हम ज़ख़्मों के आगे रिज़्क़-ए-मरहम[2] डाल देते हैं

1 भोजन 2 मरहम रूपी खाना

एक ग़ज़ल कहते हैं इक कैफ़िय्यत[1] तारी कर लेते हैं
यूँ दुनिया पर अगली चढ़ाई की तय्यारी कर लेते हैं

1 भाव

कितनी मोहब्बत करता है वो कैसे कहें गर पूछ ले कोई
सो आ'दाद-ओ-शुमार[1] की ख़ातिर[2] ज़ख़्म-शुमारी[3] कर लेते हैं

1 आँकड़े 2 लिए 3 ज़ख़्मों की गिनती

उसके ख़्वाब उठाए नहीं उठते हल्की-फुल्की आँखों से
ऐसे में हम रातें जाग के पलकें भारी कर लेते हैं

बहुत ज़ियादा सेह्हत-मन्दी[1] एक तरह की बे-अदबी[2] है
उससे मिलने जाते हैं तो कुछ बीमारी कर लेते हैं

1 तन्दुरुस्ती 2 बद-तमीज़ी

जब भी लहू में रंग-ए-ख़्ज़ाँ[1] की सख़्ती बढ़ने लग जाती है
चन्द लब-ओ-रुख़्सार[2] बुला कर जश्न-ए-बहारी कर लेते हैं

1 पतझड़ का रंग 2 होंठ और गाल

सब्ज़ा-ए-जाँ[1] के हरा-भरा रहने की एक यही सूरत है
सूखा पड़ते ही आँखों की नहरें जारी कर लेते हैं

1 जीवन की हरियाली

इतना माल कहाँ कि दुकाँ बाज़ार-ए-मोहब्बत में ले पाएँ
छोटा-मोटा कारोबार-ए-तह-बाज़ारी[1] कर लेते हैं

1 अस्थाई कारोबार

आतिश-ए-शौक़[1] सिवा करने को मुंह फेरे रहते हैं उससे
हमसे सादा-लौह[2] भी अक्सर ये हुश्यारी कर लेते हैं

1 चाहत की आग 2 सीधे-सादे लोग

नख़्ल-ए-उमीद[1] हरा हो जाता है अक्सर बारान-ए-करम[2] से
सो हम अक्सर उसके दर पर ख़ुद को भिकारी कर लेते हैं

1 उम्मीद का पौधा 2 कृपा की बारिश

वो सिर्फ़ एक के पास ही रह के चला जाए तो ख़ैर[1] नहीं है
रूह-ओ-बदन ऐसे मौक़ों' पर मारा-मारी कर लेते हैं

1 भलाई

अफ़्सर-ए-दुनिया सख़्त सही फ़रहत एहसास हैं आख़िर हम भी
दफ़्तर में भी अपनी सी कुछ कार-गुज़ारी[1] कर लेते हैं

1 काम

आया ज़रा सी देर रहा ग़ुल[1], गया बदन
अपनी उड़ाई ख़ाक में ही रुल गया बदन

1 शोर

ख़्वाहिश थी आब्शार-ए-मोहब्बत[1] में ग़ुस्ल[2] की
हल्की सी इक फुवार में ही घुल गया बदन

1 मोहब्बत का झरना 2 नहाना

ज़ेर-ए-कमान-ए-दिल[1] था तो थोड़ी सी थी उमीद
अब तो हमारे हाथ से बिल्कुल गया बदन

1 दिल के अधीन

अब देखता हूँ मैं तो वो अस्बाब[1] ही नहीं
लगता है रास्ते में कहीं खुल गया बदन

1 सामान

मैंने भी एक दिन उसे ताराज[1] कर दिया
मुझको हलाक[2] करने पे जब तुल गया बदन

1 बर्बाद 2 मार डालना

इस शहर-ए-अ'क़्ल-मन्द में वहशत[1] करेगा कौन
हमने भी छोड़ दी तो मोहब्बत करेगा कौन
1 दीवानापन

दुनिया के डर से बैठ रहें हम भी घर अगर
दुनिया में आ'शिक़ों की इमामत[1] करेगा कौन
1 अगुवाई

महबूब के बदन की ज़रूरत तो सबको है
महबूब के बदन की हिफ़ाज़त[1] करेगा कौन
1 सुरक्षा

हैरत[1] तो कारोबार ही इस आइने का है
इस आइने की बात पे हैरत करेगा कौन
1 अचंभा

जिनके सिपाही तुम हो अगर है वही ख़ुदा
ऐसे बुरे ख़ुदा की इ'बादत[1] करेगा कौन
1 तपस्या

दो चार ख़्वाब हों तो हक़ीक़त[1] करे कोई
ख्व़ाबों की भीड़ हो तो हक़ीक़त करेगा कौन
1 सच्चाई

रूह मैं जिस्म हूँ तेरा मुझे ऐसा न समझ
निगह-ए-ग़ैर[1] से मत देख अगर अपना न समझ

1 ग़ैर की नज़र से

मुद्दतों ज़ख़्म-ए-ख़मोशी में इसे पाला है
मेरी इस मुस्तक़िल[1] आवाज़ को लहजा न समझ

1 लगातार

वाक़िआ'[1] सामने लेकिन पस-ए-पर्दा[2] मैं हूँ
मेरे लिक्खे हुए अफ़्साने को क़िस्सा न समझ

1 घटना 2 पर्दे के पीछे

उसकी गहराई तो मैं हूँ कि हूँ हामिल[1] उसका
ज़ख़्म जितना है उसे मुझसे ज़ियादा न समझ

1 रखने वाला

मैंने इक बाग़ में सर्माया लगा रक्खा है
मैं तो इक कारगह-ए-रंग[1] हूँ सादा न समझ

1 रंगों का कारख़ाना

ज़िन्दगी मैं तिरी तारीख़[1] हूँ अव्वल दिन से
मुझको औरों की तरह आज का ज़िन्दा न समझ

1 इतिहास

नई बीनाई[1] की दरख़्वास्त[2] लगा रक्खी है
मुल्तवी[3] हैं मिरी आँखें मुझे अंधा न समझ

1 आँखों की रौशनी 2 आवेदन 3 स्थगित

तू अभी तज्रबा-ए-मौत से गुज़रा ही नहीं
ज़िन्दा होने के तसव्वुर[1] को ही ज़िन्दा न समझ

1 कल्पना

मेरे कोहसार[1] से पिघली है कहाँ बर्फ़ अभी
मेरी बे-आब[2] रवानी को ही दरिया न समझ

1 पहाड़ 2 पानी के बिना

सर के बल आ के गिरा हूँ मैं किसी ठोकर से
मज़्हका-ख़ेज़ी-ए-इन्ज़ाल[1] को सज्दा न समझ

1 हास्यास्पद ढंग से गिरना

बन न पाएगी हमारी कभी बाज़ार के साथ
हम उलझते हैं बहुत अपने ख़रीदार के साथ

रात क्या सख़्त बला है तुम्हें गर देखना हो
कभी इक रात गुज़ारो किसी बीमार के साथ

उसके दो होंठ न होते तो बहुत अच्छा था
लब-ए-इन्कार न होता लब-ए-इक़रार[1] के साथ
1 बात मान लेने वाले होंठ

हमको बाज़ार की इस्लाह-ए-सुख़न[1] करनी थी
ख़ुद ही आवाज़ लगाने लगे बाज़ार के साथ
1 शाइ'री की कमियाँ दूर करना

रोज़ होती है हमें एक नए सर की तलाश
सर लड़ाने को शब-ए-वस्ल[1] की दीवार के साथ
1 मिलन की रात

तुम मिरे दिल हो कि दुश्मन कि लिए फिरते हो
कभी उस यार के पीछे कभी इस यार के साथ

फ़रहत एहसास ये क्या रोज़ नया इक मा'शूक़
कल तो देखा था तुम्हें और किसी यार के साथ

मिरे वुज़ू[1] के लिए मेरा आब[2] ले कर आओ
अज़ान होने लगी है शराब ले कर आओ

1 नमाज़ से पहले पानी से ख़ुद को पाक करने का तरीक़ा 2 पानी

मैं अपनी क़ब्र में बे-कैफ़[1] हो रहा हूँ बहुत
कहाँ हो दोनो फ़रिश्तो अ'ज़ाब[2] ले कर आओ

1 बेमज़ा 2 प्रकोप

तुम्हारा हुस्न बिखरने लगा है रास्तों में
कहीं से अपना पुराना हिजाब[1] ले कर आओ

1 पर्दा, शर्म

सवाल आने ही वाला है मेरे होंठों पर
बराए बोसा[1] लबों पर जवाब ले कर आओ

1 चुंबन के लिए

हक़ीक़तें[1] भड़क उट्ठी हैं मेरी आँखों में
कहीं से फ़ौज-सी इक मौज-ए-ख़्वाब[2] ले कर आओ

1 सच्चाइयाँ 2 सपनों की लह्र

मैं अपनी इतनी तरक़्क़ी से तंग आ गया हूँ
कहाँ गया मिरा हाल-ए-ख़राब[1] ले कर आओ

1 बुरी इस्थिति

कहा है उसने अब आओ तो ख़्वाब देख के आओ
जहान-ए-बेख़बरी[1] की किताब देख के आओ
1 मदहोशी की दुनिया

तुम्हारे शह्र का दरिया पड़ा है ख़ुश्क[1] तो जाओ
किसी ग़रीब की आँखों में आब[2] देख के आओ
1 सूखा 2 पानी

फ़रिश्ते आए हुए हैं ज़मीं के दफ़्तर में
सो तुम भी अपना हिसाब-ए-अ'ज़ाब[1] देख के आओ
1 विपित्ति का लेखा जोखा

ये मस्जिदों का इ'लाक़ा सही मगर फिर भी
कहीं तो होगा मक़ाम-ए-शराब[1] देख के आओ
1 जहाँ शराब मिलती हो

हक़ीक़तो ज़रा औक़ात में रहो अपनी
नहीं तो मेरा मकान-ए-सराब[1] देख के आओ
1 मृग तृष्णा का घर

तुम्हारे पास था चश्मा जब इस्तिआ'रे[1] का
कहा था किसने कि रास्त[2] आफ़्ताब[3] देख के आओ
1 रूपकों 2 सीधे, बिना रूकावट 3 सूरज

जहाँ थे ठीक वहीं जाओ फिर मियाँ एहसास
कहाँ कहाँ से हुए हो ख़राब देख के आओ

अह्ल-ए-जुनूँ[1] के हक़ में ख़ुश-अन्जाम[2] हो के आओ
फिर जाओ और शह्र से नाकाम हो के आओ

1 दीवाने, इ'श्क़ वाले 2 सुखांत

सूरज की तर्ह आग उगलते हो तुम बहुत
बस कोई दम ग़ुरूब[1] भी हो शाम हो के आओ

1 अस्त

सारा लहू निचोड़ लिया होगा शह्र ने
अब थोड़ी देर दश्त से ख़ुश-काम[1] हो के आओ

1 ताज़ा-दम

छुप छुप के भाग भाग के कब तक मिलेंगे हम
आख़िर कभी तो रस्म-ओ-रह-ए-आ'म[1] हो के आओ

1 साधारण संबंध

मिट्टी पकी-पकाई किसी काम की नहीं
बनना हो कुछ तुम्हें तो ज़रा ख़ाम[1] हो के आओ

1 कच्चा

ख़ाक-ओ-ख़ूँ की नई तन्ज़ीम[1] में शामिल हो जाओ
ज़िन्दा रहना हो तुम्हें भी तो मिरा दिल हो जाओ

1 इन्तिज़ाम

बेबदन रूह बने फिरते रहोगे कब तक
जाओ चुपके से किसी जिस्म में दाख़्ल हो जाओ

शह्र तुमको जो परेशान बहुत करता है
दश्त[1] बन जाओ और उस शह्र पे नाज़िल[2] हो जाओ

1 वीराना 2 गिरना, फट पड़ना

नाख़ुन-ए-इ'श्क[1] से फिर सह्ल बना लेंगे तुम्हें
सोहबत-ए-शह्र[2] में तुम कितने ही मुश्किल हो जाओ

1 इ'श्क़ का नाख़ुन 2 शह्र में रह कर

मुस्तक़िल[1] फ़ाक़ा-कशी[2] सख़्त अज़िय्यत[3] ही सही
इस अज़िय्यत से गुज़र जाओ तो कामिल[4] हो जाओ

1 लगातार 2 भूखा रहना 3 यातना 4 रूहानी तौर से पूर्ण

बे-नतीजा ही रहेगा ये मुसलसल टकराव
या तो दुनिया के बनो या मुतबादिल[1] हो जाओ

1 विकल्प

एक मुद्दत हुई मक़्तूल[1] तुम्हारा हूँ तो फिर
तेग़-ए-आग़ोश[2] चलाओ मिरे क़ातिल हो जाओ

1 क़त्ल कया गया 2 आलिंगन की तल्वार

हक़-परस्ती[1] भी अ'जब कार-ए-मोहब्बत[2] है जहाँ
इक क़दम हद से गुज़र जाओ तो बातिल[3] हो जाओ

1 सच्चाई को सम्मान देना 2 मोहब्बत का काम 3 झूठ, अस्तित्वहीन

तुम जो तल्वार लिए फिरते हो दुनिया के ख़िलाफ़
काश ऐसा हो कि आप अपने मुक़ाबिल[1] हो जाओ

1 सामने, ख़्लाफ़

फ़रहत एहसास ठहर जाओ ये उ'ज्लत[1] कैसी
अभी कुछ और भी बन लो किसी क़ाबिल हो जाओ

1 जल्दबाज़ी

यही हिसाब-ए-मोहब्बत दोबारा कर के लाओ
जहाँ जहाँ है मुनाफ़ा' ख़सारा[1] कर के लाओ

1 घाटा

बराह-ए-रास्त[1] न छूना कभी वो शो'ला-ए-तूर[2]
ज़रा ज़रा सा उसे इस्तिआ'रा[3] कर के लाओ

1 सीधे तौर पर 2 वो पहाड़ जहाँ पैग़म्बर मूसा ने ख़ुदा से बात की थी 3 रूपक

बदन से फूट पड़ा उसकी रूह का सैलाब
तो जाओ उसको बदन का किनारा कर के लाओ

नए विसाल की ख़ातिर गुज़ारो इ'द्दत-ए-हिज्र[1]
और अपने दिल को दोबारा कुँवारा कर के लाओ

1 विरह की निर्धारित अवधि

दयार-ए-इ'श्क़[1] में और इतने कर्र-ओ-फ़र्र[2] के साथ
बदन को तोड़ के दिल को बिचारा कर के लाओ

1 इ'श्क़ के इ'लाक़े में 2 वैभव

बड़ा यक़ीं है मोहब्बत के मो'जिज़ों[1] पे तुम्हें
तो लो ये क़तरा-ए-अश्क[2] और सितारा कर के लाओ

1 चमत्कार 2 आँसू की बूँद

पास आने नहीं देता किसी ना-महरम[1] को
ज़ख़्म हर-चन्द[2] तरसता है बहुत मरहम को
1 जो जाना पहचाना न हो 2 यद्यपि

आदतन ही कभी मुम्किन है कि रोना आ जाए
वर्ना तक्लीफ़ की बर्दाश्त बहुत है हमको

ख़ूब हँसता है अ'ज़ा-ख़ाना-ए-आ'लम[1] मुझपर
हाथ उठाता हूँ किसी रोज़ जो मैं मातम को
1 संसार का शोक-गृह

तब्दील हो न जाए तलब[1] देर मत करो
हो जाए जो भी होना है अब देर मत करो

1 ख़्वाहिश, लालसा

कितने दिनों में बात बनी है बिगड़ न जाए
रक्खो न मेरे लब पे ये लब देर मत करो

सारे लिबास उतार के देने हैं इ'श्क़ को
अब छोड़ने में नाम-ओ-नसब[1] देर मत करो

1 नाम ओर वंश

आँखों को आँसुओं से करो साफ़ दूर तक
इक ख़्वाब आ रहा है अ'जब[1] देर मत करो

1 आश्चर्यजनक

मिरी रूह को राहगुज़ार[1] करो मुझे प्यार करो
मिरे दश्त में मेरा शिकार करो मुझे प्यार करो

1 रास्ता

अंधियारे में कहीं दीप जलें कहीं फूल खिलें
मिरे कुन्ज में बोस-ओ-कनार[1] करो मुझे प्यार करो

1 चुंबन और आलिंगन

मैं हज़ार गुनों के हिसाब में हूँ करो सह्ल[1] मुझे
मुझे पोर से पोर शुमार[2] करो मुझे प्यार करो

1 असान 2 गिनना

मिरी फूल हवा मिरी चाँद महक युँही सुब्ह तलक
मिरी शाख़[1] पे जश्न-ए-बहार[2] करो मुझे प्यार करो

1 टहनी 2 बसंतोत्सव

वो शिगाफ़[1] पड़े कि बहार-ओ-ख़िज़ाँ[2] को रिहाई[3] मिले
मिरे शीशा-ए-रंग पे वार करो मुझे प्यार करो

1 दरार 2 बहार और पतझड़ 3 छुटकारा

मिरे जागते दिन मिरी नींद शबें[1] कोई राह नहीं
कभी ख़्वाब में आ के पुकार करो मुझे प्यार करो

1 रातें

जिस तरह पैदा हुए उससे जुदा पैदा करो
ख़ुद को अपनी ख़ाक से बिल्कुल नया पैदा करो

शह्र के इन आइना-ख़ानों[1] में फिरना है फ़ुज़ूल
चाहिए चेहरा तो अपना आइना पैदा करो

1 जहाँ हर तरफ़ आइने लगे हों

यार सज्दों का भी कुछ मे'आर[1] होना चाहिए
पहले जा कर ढंग का कोई ख़ुदा पैदा करो

1 स्तर

इस हुजूम[1]-ए-शह्र में उस तक पहुँचना है मुहाल[2]
अब तो अन्दर ही से कोई रास्ता पैदा करो

1 भीड़ 2 मुश्किल

ताकि इक घर में रहे तो दूसरा महफ़िल में हो
फ़रहत एहसास अपने जैसा दूसरा पैदा करो

हिज्र[1] के मौसम में भी रंग-ए-विसाल[2] कहाँ से लाए हो
तुम फ़रहत एहसास दिल-ए-ख़ुश-हाल[3] कहाँ से लाए हो

1 जुदाई 2 मिलन का रंग 3 ख़ुशहाल दिल

तुमने ग़ज़ल कहनी सीखी किन आँखों की कम-सुख़नी[1] से
दो लफ़्ज़ों में इतना अ'र्ज़-ए-हाल[2] कहाँ से लाए हो

1 कम बोलना 2 हाल बताना

अब्रू[1] के ख़न्जर की काट से वाक़िफ़ हूँ पर ये तो कहो
आ'शिक़ आँखों से बचने की ढाल कहाँ से लाए हो

1 भौंह

कोई मा'शूक़ चाहे जितना सहराई[1] सराबी[2] हो
हमारे दिल में ले आओ उसे दरिया बना लेंगे
1 रेगिस्तानी 2 मृग-तृष्णा जैसा

बहुत ही तेज़ नाख़ुन हैं मोहब्बत की निगाहों के
कोई कितना भी हो दीवार, दरवाज़ा बना लेंगे

उसे देखेंगे हम दो सूरतों में दोनों आँखों से
पराया एक से और एक से अपना बना लेंगे

ख़मोशी जज़्ब[1] होती जाए गर यूँही सदाओं में
तो हम भी शाइ'री का इक नया लहजा बना लेंगे
1 विलीन

हमारा इ'श्क़ है आग़ोश[1] दुनिया भर के लोगों की
हम एक-इक कर के सब लोगों को हमसाया[2] बना लेंगे
1 खुली बाँहें 2 पड़ोसी

हमारे फ़रहत एहसास इक शहन्शाह-ए-मोहब्बत[1] हैं
तिरे दिल को भी अपने तख़्त[2] का पाया बना लेंगे
1 सिंहासन

क्यों इन दिनों तुम इतनी मग़रूर[1] हो रही हो
क्या फिर किसी नज़र को मन्जूर[2] हो रही हो

1 घमंडी 2 स्वीकार, पसन्द

आ'शिक़ हुआ है तुम पर क्या कोई नेक मुर्दा
जन्नत की आरजू में क्यों हूर हो रही हो

देखो बिखर न जाए शीशा-बदन[1] तुम्हारा
अपने नशे में इतना क्यों चूर हो रही हो

1 साफ़ और चिकना बदन

ये शर्म है कि डर है या वहशत-ए-नज़र[1] है
आ आ के पास मेरे क्यों दूर हो रही हो

1 नज़र की घबराहट

मोहब्बत चाहते हो क्यों वफ़ा क्यों माँगते हो
तुम उन बीमार आँखों से दवा क्यों माँगते हो

मुसाफ़िर हो तो निकलो पाँव में आँखें लगा कर
किसी भी हमसफ़र[1] से रास्ता क्यों माँगते हो
1 साथ चलने वाला

उन्हें तो ख़ुद ही अपनी जान के लाले पड़े हैं
बिचारे शह्र वालों से हवा क्यों माँगते हो

अभी कुछ था अभी कुछ है बदन आब-ए-रवाँ[1] सा
बदन से आज कल का वाक़िआ'[2] क्यों माँगते हो
1 बहता पानी 2 घटना

हुदूद-ए-ख़ाक[1] से बाहर नहीं आ पाएगा हुस्न
वो जितना है उसे उससे सिवा[2] क्यों माँगते हो
1 मिट्टी की सीमा 2 अधिक

हुजूम-ए-शह्र[1] में से तीर से निकले चले जाओ
हुजूम-ए-शह्र से उसकी रज़ा[2] क्यों माँगते हो
1 शह्र की भीड़ 2 रज़ामन्दी, आज्ञा

मोहब्बत आप ही अपना सिला[1] है फ़रहत एहसास
मोहब्बत कर रहे हो तो सिला क्यों माँगते हो
1 बदला

सब लज़्ज़तें विसाल की बेकार करते हो
क्यों बार बार नींद से बेदार[1] करते हो

1 जगाना

अच्छा तो तुमको मश्क़-ए-मसीहाई[1] करनी है
इतना इसीलिए हमें बीमार करते हो

1 इ'लाज करने का अभ्यास

साया सरों पे धूप में करने की बात थी
ये नेक काम क्यों पस-ए-दीवार[1] करते हो

1 दीवार के पीछे

कपड़े सफ़ेद देख के बोला ये मेरा जिस्म
किस जश्न के लिए मुझे तय्यार करते हो

वा'दा तो ये कि घर में बसाएँगे हम तुम्हें
फिर हमको क़ैदी-ए-दर-ओ-दीवार[1] करते हो

1 घर में क़ैद

है इ'श्क़ के सिवा भी कोई बात वर्ना तुम
क्यों बार बार इ'श्क़ का इज़्हार करते हो

ऐसा है कौन दिल का ख़रीदार जिस पे तुम
छोटी-सी इस दुकान को बाज़ार करते हो

एहसास ही ने तुमको बनाया है बादशाह
एहसास ही को राँदा-ए-दरबार[1] करते हो

1 दरबार से निकाला हुआ

वहाँ मैं जाऊँ मगर कुछ मिरा भला भी तो हो
बदन के बाग़ में वो गुल खिला हुआ भी तो हो

ख़ुदा को पूजने लग जाऊँ छोड़ कर बुत को
बुतों के जैसे बदन वाला वो ख़ुदा भी तो हो

मैं मस्जिदों के किनारे से लौट आता हूँ
कहीं सवाब[1] का दरिया बहा हुआ भी तो हो

1 पुण्य

बहुत मिठास भी बे-ज़ाइक़ा[1] सी होने लगी
वो ख़ुश-मिज़ाज[2] किसी बात पर ख़फ़ा भी तो हो

1 स्वादहीन 2 हँसमुख

उसे मुझे ही उठा कर गले लगाना था
कि उसके पाँव कोई और यूँ पड़ा भी तो हो

घर में रह कर ही तमाम अपना सफ़र करते रहो
मैं चला तुम बैठ कर दीवार-ओ-दर करते रहो

पत्तियों फूलों फलों के मर्हलों[1] को भूल कर
ख़ाक में बीज और बीजों को शजर करते रहो
1 क्रम

अपनी सारी रौशनी को जोड़ कर कर लो चराग़
और ये नुस्ख़ा[1] अह्ल-ए-शब[2] में मुश्तहर[3] करते रहो
1 तरीक़ा 2 रात वाले 3 प्रचारित

क्या बई'द[1] इक दिन उतर ही आए सब्ज़ा[2] इ'श्क़ का
अपनी मिट्टी आप अपने ख़ूँ से तर करते रहो
1 दूर 2 हरियाली

सब पहाड़ों को पकड़वा लो सिपाही भेज कर
हर बुलन्दी अपने घर बैठे ही सर[1] करते रहो
1 जीतना

आँख पर रक्खा करो हर दम युँही काजल की धार
ताकि हम जैसों पे जादू का असर करते रहो

संग से सर अपना टकराते रहो एहसास जी
अह्ल-ए-शब[1] पर बारिश-ए-बर्क़-ओ-शरर[2] करते रहो
1 रात वाले 2 बिजली और चिंगारियों की बारिश

अपने जज़्बों[1] का मुकम्मल सिलसिला करते रहो
ख़ुश जो रहना है तो ख़ुद को ग़मज़दा[2] करते रहो

1 भावनाओं 2 दुखी

रास्ता अपना बनाओ ज़िन्दगी की भीड़ में
यूँ कि औरों के लिए भी रास्ता करते रहो

याद रक्खो सारे मा'शूक़ों के घर का रास्ता
कौन कब घर से निकलता है पता करते रहो

जितने आ'शिक़ हैं वो हैं इक दूसरे के रिश्तेदार
सो रक़ीबों[1] को भी हक़ उन का अदा करते रहो

1 मा'शूक़ के दूसरे आ'शिक़

अपने दिल पर खींच दो उसकी मोहब्बत की लकीर
और उसे ही ज़िन्दगी भर दाएरा करते रहो

बदला लेना है किसी से गर किसी की मौत का
उसके हक़ में ख़ूब जीने की दुआ' करते रहो

ज़िन्दगी इक खेल है और मौत भी है एक खेल
दोनों खेल इक साथ होने का मज़ा करते रहो

तुम किसी के दिल में हर्गिज़ बन्द मत होना कभी
खेल जितना है मोहब्बत का खुला करते रहो

फ़रहत एहसास इस क़दर पहुँचे हुए हो तुम तो क्या
कुछ हमारी भी तो प्यारे इब्तिदा[1] करते रहो

1 शुरूआ'त

जिस्म की क़ैद से सब रंग तुम्हारे निकल आए
मेरी दस्तक[1] से तो तुम और भी प्यारे निकल आए
1 खटखटाना

जाने क्या वस्ल[1] पुकार आई शब-ए-हिज्र[2] कि बस
उसके डूबे हुए सब चाँद सितारे निकल आए
1 मिलन 2 जुदाई की रात

उसके पानी ने दिया हुक्म तो हम डूब गए
उसकी मिट्टी ने पुकारा तो किनारे निकल आए

हमने दुनिया के अंधेरे में लगाई थी सदा[1]
इस अंधेरे में ही दो-चार हमारे निकल आए
1 आवाज़

इ'श्क़ पहुँचा जो मिरे जिस्म के दरवाज़े पर
ख़ैर-मक़दम[1] के लिए ख़ून के धारे निकल आए
1 स्वागत

उसकी आँखों ने यक़ीं कुछ न दिलाया फिर भी
शे'र कहने के लिए कुछ तो इशारे निकल आए

फ़रहत एहसास तो बस डूब गए थे लेकिन
बीच मंझधार में दो चार किनारे निकल आए

जिसको जैसा भी है दरकार[1] उसे वैसा मिल जाए
तू मयस्सर[2] हो मुझे और तुझे दुनिया मिल जाए

1 जरूरत 2 हासिल

संग[1] से संग के टकराने का मन्ज़र[2] देखूँ
कभी ऐसा हो कि तुझको कोई तुझ-सा मिल जाए

1 पत्थर 2 दृश्य

ये धड़कता हुआ दिल उसके हवाले कर दूँ
एक भी शख़्स अगर शह्र में ज़िन्दा मिल जाए

सख़्त सर्दी में ठिठुरती है बहुत रूह मिरी
जिस्म-ए-यार[1] आ कि बिचारी को सहारा मिल जाए

1 प्रेमिका का शरीर

तू ख़ुदा है तो मुझे कुफ़्र[1] में मुस्तहकम[2] कर
कि मुझे राज़-ए-सनम-ख़ाना-ए-दुनिया[3] मिल जाए

1 अधर्म 2 स्थापित 3 दुनिया के मंदिर का भेद

अपने आईना-ए-तौहीद[1] में अल्लाह मियाँ
देखते रहिए, कोई आप ही जैसा मिल जाए

1 ईश्वर के एक होने का आईना

फ़स्ल-ए-शे'र[1] आई है बाज़ार-ए-सुख़न[2] में देख आओ
फ़रहत एहसास भी शायद कोई ताज़ा मिल जाए

1 शाइ'री की फ़स्ल 2 शाइ'री का बाज़ार

इक रात वो गया था जहाँ बात रोक के
अब तक रुका हुआ हूँ वहीं रात रोक के

आँखें बरसती देखीं तो बादल ठहर गए
आँखों के एहतिराम[1] में बरसात रोक के

1 आदर

दिल एक ही विसाल[1] में कंगाल हो गया
करनी थी ख़र्च दौलत-ए-जज़्बात रोक के

1 मिलन

आग़ोश-ए-यार[1] खुल भी कि आया हूँ तेरे पास
सिर्फ़ एक पल को गर्दिश-ए-हालात[2] रोक के

1 महबूब की बाँहों का घेरा 2 हालात का चक्र

आते न थे जवाब तो उस्ताद[1] चल दिए
बच्चों को दर्मियान-ए-सवालात[2] रोक के

1 शिक्षक 2 सवालों के बीच

एहसास कुछ तो अपने लिए भी बचे रहो
ऐ मेरे शाह-ख़र्च[1] ज़रा हात रोक के

1 बादशाहों की तरह ख़र्च करने वाला

दरिया को सख़्त हैरत-ए-मुश्किल[1] में डाल के
कश्ती डुबोई गर्दिश-ए-साहिल[2] में डाल के

1 कठिन आश्चर्य 2 साहिल का चक्कर

लैला को अपने इ'श्क़ का हम-शक्ल[1] कर दिया
मजनूँ ने अपनी ख़ाक को महमिल[2] में डाल के

1 एक जैसी शक्ल 2 पर्दे

सारा लहू निकाल लिया मेरा इ'श्क़ ने
अपनी ज़रा सी बूँद मिरे दिल में डाल के

ये मज़हबी[1] जुनून[2] सियासत का साँप है
मारो ये साँप उसके इसी बिल में डाल के

1 धार्मिक 2 पागलपन

नंग धड़ंग मलंग तरंग में आएगा जो वही काम करेंगे
कुफ़्र[1] करेंगे जो आया जी, जी चाहा तो इस्लाम करेंगे
1 ख़ुदा से इन्कार

रास्ते भर उस रूप की धूप में जान खपाएँगे मौत की हद तक
चलते समय फिर उसकी ज़ुल्फ़ की छाँव में हम बिसराम करेंगे

देखो तुम अपने कच्चे दर-ओ-दीवार को पक्का मत करवाना
शह्र से जब भी आएँगे हम तो तुम्हारे घर ही क़याम[1] करेंगे
1 ठहरना

आज हमारे सरों पर है ये सूरज पर कल ख़ाक में होगा
हमने तो बस आवाज़ लगा दी बाक़ी काम अ'वाम[1] करेंगे
1 जनता

हमको एक बहुत ही बड़ी सच्चाई को अफ़्साना[1] करना है
ख़ूब पिएँगे शराब-ए-वह्म[2] और ख़ूब ख़याल-ए-ख़ाम[3] करेंगे
1 कहानी 2 भ्रम की शराब 3 अपरिपक्व विचार

इ'श्क़ ही पूरी तरह कर लें तो समझो कोई जिहाद[1] किया है
ये फ़रहत एहसास अज़ल[2] के काहिल[3] क्या कोई काम करेंगे
1 धार्मिक लड़ाई 2 आदिकाल 3 आलसी

बहुत सी आँखें लगीं हैं और इक ख़्वाब तय्यार हो रहा है
हक़ीक़तों[1] से मुक़ाबिले का निसाब[2] तय्यार हो रहा है

1 वास्तविकताएँ 2 पाठ्यक्रम

तमाम दुनिया के ज़ख़्म अपने बयाँ कलम-बन्द[1] कर रहे हैं
मिरी सवानेह-हयात[2] का एक बाब3 तय्यार हो रहा है

1 लिखना 2 जीवनी 3 अध्याय

बहुत से चाँद और बहुत से फूल एक तज्रबे में लगे हैं कब से
सुना है तुमने कहीं तुम्हारा जवाब तय्यार हो रहा है

पुरानी बस्ती की खिड़कियों से मैं देखता हूँ तो सोचता हूँ
नया जो वो शह्र है बहुत ही ख़राब तय्यार हो रहा है

खुले हुए हैं फ़ना[1] के दफ़्तर में सब अ'नासिर[2] के गोश्वारे[3]
कि आस्मानों में अब जमीं का हिसाब तय्यार हो रहा है

1 नश्वरता 2 तत्व, पंचभूत 3 बही-खाते

मैं जब कभी उससे पूछता हूँ कि यार मरहम कहाँ है मेरा
तो वक़्त कहता है मुस्कुरा कर जनाब तय्यार हो रहा है

बदन को जाना है पहली बार आज रूह की महफ़िल-ए-तरब[1] में
तो ऐसा लगता है जैसे कोई नवाब तय्यार हो रहा है

1 ख़ुशी की महफ़िल

इस इम्तिहाँ के सवाल आते नहीं निसाबों[1] से मक्तबों[2] के
अ'जीब आ'शिक़ है ये जो पढ़ कर किताब तय्यार हो रहा है

1 पाठ-क्रमों 2 विद्यालयों

मैं छू के आया हूँ किस बदन को कि मेरे ख़ूँ की कियारियों में
क़दम क़दम पर न जाने कितना गुलाब तय्यार हो रहा है

हमारी आँखों में बस गया है अ'जीब पंजाब आँसुओं का
इधर से रावी चला उधर से चनाब तय्यार हो रहा है

ज़रा ज़रा सी ये आंधियाँ जो दिलों दिमाग़ों में चल रही हैं
इन्हीं हवाओं से मौसम-ए-इन्क़िलाब[1] तय्यार हो रहा है

1 बड़े बदलाव का मौसम

जुनूँ ने बर्पा किया है सहरा में शहर की ता'ज़ियत[1] का जल्सा
तो फ़रहत एहसास भी ब-चश्म-ए-पुर-आब[2] तय्यार हो रहा है

1 शोक व्यक्त करना 2 भीगी आँखों से

सबमें रहिए लेकिन अपने आप से मत जाइए
कोई भी कपड़ा हो अपनी नाप से मत जाइए

फेरिए मालाएँ चाहे जितनी बुत हों या ख़ुदा
अन्दर अन्दर लेकिन अपने जाप से मत जाइए

मारना हो मारिए दुनिया के हर तब्ले पे हाथ
अपने मन की ढोलकों की थाप से मत जाइए

आपके अन्दर उबलता है जो मा'नी का कढ़ाव
शे'र कहने हों तो उसके ताप से मत जाइए

चाहे जिस धरती पे हों अपना वतन मत भूलिए
जाइए औलाद से माँ बाप से मत जाइए

फ़रहत एहसास आप अपनी शा'इरी रक्खें खुली
फिर भी शे'रों पर ख़ुद अपनी छाप से मत जाइए

आदमी बनना हो बनिए या ख़ुदा हो जाइए
पाक कीजे ये ज़मीं ग़र्क़-ए-ख़ला[1] हो जाइए

1 अंतरिक्ष में डूबना

हमने कोई बाँध तो रक्खा नहीं है आपको
जब भी हमसे जी उचट जाए जुदा हो जाइए

कब से है दिल की कली को फूल बनने का ख़याल
मैं भी खिल लूँ आप अगर बाद-ए-सबा[1] हो जाइए

1 सुबह की हवा

किसकी मन्ज़िल कौन है ये तय करेंगे बा'द में
बस अभी तो साथ मेरे रास्ता हो जाइए

क्या जाने किस ख़याल की मय[1] कर दिए गए
थे इतने नागवार[2] कि क़य[3] कर दिए गए

1 शराब 2 अप्रिय 3 उल्टी

सुनते थे एक ख़ास मसाफ़त[1] है उ'म्र की
हम तो बस एक साँस में तय कर दिए गए

1 दूरी

की फिर किसी यज़ीद[1] ने बैअ'त[2] में ख़ुर्द-बुर्द[3]
हम तो नफ़ी[4] के हर्फ़[5] थे है कर दिए गए

1 जिसने इमाम हुसैन का क़त्ल कराया था 2 किसी का आज्ञाकारी होने का प्रण 3 हेरफेर 4 इन्कार 5 शब्द

बाज़ार की तरफ़ से ख़बर आई है कि अब
हम आदमी नहीं रहे शय1 कर दिए गए

1 चीज़

अपने बदन को साज़ बनाने के शौक़ में
छेदे गए हम इतने कि नय[1] कर दिए गए

1 बाँसुरी

बे-तख़्त-ओ-ताज[1] कर के सब एहसास जैसे लोग
हर हुक्मराँ[2] जुलूस की जय कर दिए गए

1 राज-पाट से वंचित 2 सत्ताधीन

बिछड़े जो उससे हम तो ज़माने से लग गए
और इसके बा'द खाने कमाने से लग गए

होते न हम तो होती ये दुनिया न उसके काम
ये दाग़ तो वजूद[1] में आने से लग गए
1 अस्तित्व

उड़ने लगी ख़ुद अपनी हवा में हमारी ख़ाक
आने ही हम लगे थे कि जाने से लग गए

दिल इ'श्क़ में, चमन में बदन, रूह दश्त में
सारे मिरे अ'ज़ीज़[1] ठिकाने से लग गए
1 दोस्त, प्यारे

मेरे गले में थे न किसी साज़ ही में थे
ये सुर तो अपनी तर्ज़ में गाने से लग गए

छत चाहिए थी तुमको तो बस एक रात की
तुम तो मिरे वजूद[1] पे छाने से लग गए
1 अस्तित्व

ये1 उठ गई तो सारे अ'रुज़ी[2] ख़मोश हैं
क्या ख़ौफ़ उन्हें अलिफ़[3] के गिराने से लग गए
1 उर्दू वर्णमाला का आख़िरी अक्षर 2 उर्दू छंद-शास्त्र विधान का माहिर 3 उर्दू वर्णमाला का पहला अक्षर

नापाक इस क़दर भी नहीं था विसाल-ए-जिस्म[1]
तुम तो बस इक गुनह में नहाने से लग गए

1 शरीर का मिलन

बिस्तर पे भी था हिफ़्ज़-ए-मरातिब[1] का एहतिमाम[2]
वो पाँव आ के मेरे सिरहाने से लग गए

1 रुत्बे का ध्यान 2 प्रबंध

अक्सर तो क़ैदख़ाना-ए-हस्ती[1] में मर गए
बाक़ी जो थे वो ख़ौफ़-ए-असीरी[2] में मर गए

1 अस्तित्व का कारागार 2 क़ैद का डर

हम मुल्ज़िम-ए-हयात[1] अ'दालत में जिस्म की
पहली नहीं तो दूसरी पेशी में मर गए

1 जीने का आरोपी

जीने का वक़्त हमको दिया ही नहीं गया
जीने लगे तो ऐ'न[1] जवानी में मर गए

1 ठीक

हमने हक़ीक़तों1 की हर इक जंग जीत ली
किर्दार[2] हो के अपनी कहानी में मर गए

1 वास्तविकताएँ 2 पात्र

कुछ मर गए कि उनको पहुँचना न था कहीं
और कुछ कहीं पहुँचने की जल्दी में मर गए

दौलत थी बेपनाह[1] प ख़ाली थी दिल की जेब
कितने अमीर लोग ग़रीबी में मर गए

1 बहुत ज़ियादा

दरवेश थे, लिबास था दुनिया-परस्त[1] का
एहसास जी फ़रेब-ए-फ़क़ीरी[2] में मर गए

1 दुनिया को पूजने वाला 2 फ़क़ीरी का धोका

अय्याम[1] सिर्फ़ शाम-ओ-सहर[2] हो के रह गए
कैसे अ'जीब लोग थे घर हो के रह गए

1 दिन 2 शाम और सुब्ह

हमको पसन्द आ गया साहिल का मश्वरा
कश्ती की लकड़ियाँ थे शजर[1] हो के रह गए

1 पेड़

मिट्टी के इस मकान ने धोका दिया हमें
सहरा-नवर्द[1] ख़ाक-बसर[2] हो के रह गए

1 वीरानों में भटकने वाले 2 धूल में अटे हुए, दीवाने

आँखें झपक के रह गईं दिल की वफ़ात[1] पर
सैलाब सिर्फ़ दीदा-ए-तर[2] हो के रह गए

1 मौत, मृत्यु 2 आँसू भरी आँख

पहले तो अपने पाँव ज़मीं से जुदा हुए
फिर यूँ हुआ कि शह्‌र-बदर[1] हो के रह गए

1 शह्‌र से निष्कासित

खड़ी है रात अंधेरों का इज़्दिहाम[1] लगाए
और एक रौशनी बैठी है अपना काम लगाए
1 भीड़

ये कम नहीं कि ख़रीदा उसी परी ने हमें
अगरचे उसने बहुत कम हमारे दाम लगाए

मैं आफ़्ताब-ज़दा[1] हूँ कहाँ है ज़ुल्फ़ उसकी
कि आए और मिरी आँखों पे अपनी शाम लगाए
1 सूरज का सताया हुआ

मैं आया काम किया अपना और चल भी दिया
ज़माना बैठा रहा अपना ताम-झाम लगाए

न जाने कितने ज़मानों की मुन्तज़िर[1] आँखें
रह-ए-उमीद पे बैठी हुई हैं जाम लगाए
1 प्रतीक्षारत

मगर मैं छूट गया मेरे ज़ोर-ए-दश्त[1] की ख़ैर
तमाम शह्र रहा क़ुफ़्ल-ए-इन्तिज़ाम[2] लगाए
1 वीरानी की ताक़त 2 व्यवस्था का ताला

हमारी बारी अब आनी है कूज़ागर[1] से कहो
कि रंग शोख़ करे ख़ूब ख़ाक-ए-ख़ाम[2] लगाए
1 कुम्हार 2 कच्ची मिट्टी

मुलाज़िमत[1] जो मिली दफ़्तर-ए-फ़ना[2] में मिली
फिरे थे हम जो बहुत अ'र्ज़ी-ए-दवाम[3] लगाए

1 नौकरी 2 नश्वरता का दफ़्तर 3 हमेशा रहने का प्रार्थना-पत्र

बना है शह्र का सर्माया-कार[1] यूँ एहसास
कि इक हलाल[2] कमाने में सौ हराम[3] लगाए

1 पूँजीपती 2 धर्म में जिसकी इजाज़त हो 3 वर्जित

रुके हुओं को ही चलता हुआ बनाया जाए
चलो कि भीड़ में इक रास्ता बनाया जाए

न हो निसाब[1] न उस्ताद हों न तालिब-ए-इ'ल्म[2]
ख़िलाफ़-ए-इ'ल्म[3] नया मदरसा[4] बनाया जाए
1 पाठ्यक्रम 2 विद्यार्थी 3 शिक्षा विरोधी 4 विद्यालय

जहाँ बनाव बिगाड़ एक जैसे लगते हैं
तो क्या बिगाड़ दिया जाए क्या बनाया जाए

हज़ार भेस बदल लें मगर रहेंगे वही
जो कह रहे हैं नया आइना बनाया जाए

अगर ज़रूरी नहीं है तो इससे बेहतर क्या
ज़रूरी हो तो नया इक ख़ुदा बनाया जाए

समाज एक बड़ा बन्द क़ैद-ख़ाना[1] है
अब इसको बे-दर-ओ-दीवार का बनाया जाए
1 जेल, कारावास

तरह तरह के ख़ुदा क़िस्म क़िस्म के बन्दे
सवाल है किसे किसका ख़ुदा बनाया जाए

चश्म-ए-साकिन[1] छोड़ दीजे चश्म-ए-जारी[2] साथ रखिए
इ'श्क़ सहरा का सफ़र है अश्कबारी[3] साथ रखिए

1 रुकी हुई आँख 2 बहती हुई आँख 3 आँसुओं का बरसाना

चन्द छिट-पुट वस्ल हो जाते हैं यूँही रास्ते में
इसलिए जज़्बात की कुछ रेज़गारी साथ रखिए

वस्ल की हालत में दो क़िस्मों के नश्शे हैं ज़रूरी
एक थोड़ा उखड़ा उखड़ा एक तारी[1] साथ रखिए

1 हावी, छाया हुआ

माली[1] हालत उसके जज़्बों की न जाने कैसी होगी
सो ज़रा फ़ाज़िल[2] ज़र-ए-बोस-ओ-कनारी[3] साथ रखिए

1 आर्थिक 2 अतिरिक्त 3 चुंबन-आलिंगन की संपत्ति

दुल्हनें शादी नहीं शादी के जोड़े चाहती हैं
आप दूल्हा हैं तो बस गोटा-किनारी साथ रखिए

साँप जितने क़िस्म के हों उतने ही क़िस्मों के पत्थर
थोड़े हल्के थोड़े औसत थोड़े भारी साथ रखिए

अपनी आँखें बन्द रखिए जब भी बाज़ारों में चलिए
बन्द आँखों में वो सूरत प्यारी प्यारी साथ रखिए

शह्र की बातों पे कितना ख़ून खौलाएँगे आख़िर
घर से चलते वक़्त अपनी ख़ुशगवारी[1] साथ रखिए

1 ख़ुश रहना

घर के बाहर क्या हुआ घर को ख़बर लगने न दीजे
जिस क़दर भी घर में रहिए राज़दारी[1] साथ रखिए

1 गोपनीयता

शाइ'री तो अब न सुननी है न पढ़नी है किसी को
फ़रहत एहसास अपना सामे'[1] अपना क़ारी[2] साथ रखिए

1 श्रोता 2 पाठक

ख़ुश्की-ए-ख़ाक-ए-बदन[1] की आबयारी[2] कीजिए
क़ुफ़्ल-ए-साहिल[3] तोड़िए दरिया को जारी कीजिए

1 बदन की मिट्टी का सूखापन 2 सींचना 3 किनारे का ताला

आइए हो जाइए अब शामिल-ए-दौरान-ए-ख़ूँ[1]
आपमें जितना नशा है हम पे तारी कीजिए

1 रक्त संचार में शामिल

मर न जाए जिस्म, अपनी रूह से कह के ज़रा
उसके नाम इक वस्ल[1] का फ़र्मान[2] जारी कीजिए

1 मिलन 2 आदेश

मेरी आँखों पर भी रखिए मरहम अपनी नींद का
अपनी पलकों से मिरी पलकों को भारी कीजिए

आपकी तन्हाई ही कब तक पढ़ेगी आपको
मेरी तन्हाई को भी तो अपना क़ारी[1] कीजिए

1 पाठक

फ़रहत एहसास आपका बन्दा ग़ुलाम आ जाइए
बैठिए पहलू में और परवरदिगारी[1] कीजिए

1 पालनहार होना

आप तो बस यार हमपर बादशाही कीजिए
अपनी फ़ौज-ए-हुस्न[1] का हमको सिपाही कीजिए

1 हुस्न की सेना

आप अगर शादी-शुदा हैं शौक़ से रहिए युँही
हमसे भी एक और शादी बिन-बियाही कीजिए

ये मिरा बे-इ'श्क़ नाकारा नजिस[1] ना-जिन्स दिल
आइए और ख़ूब इस दिल की तबाही कीजिए

1 नापाक, गन्दा

इ'श्क़ के इल्ज़ाम की सुनवाई जारी हो तो फिर
अगली पेशी में हमारी भी गवाही कीजिए

फ़रहत एहसास इक पियाला आपके क़दमों में है
इक ज़रा गर्दन को ख़म[1], ख़ुद को सुराही[2] कीजिए

1 टेढ़ा 2 शराब रखने का पतली गर्दन वाला बर्तन

राह की कुछ तो रुकावट यार कम कर दीजिए
आप अपने घर की इक दीवार कम कर दीजिए

आपका आ'शिक़ बहुत कमज़ोर दिल का है हुज़ूर
देखिए ये शिद्दत-ए-इन्कार[1] कम कर दीजिए

1 इन्कार की तीव्रता

मैं भी होठों से कहूँगा कम करें जलने का शौक़
आप अगर सरगर्मी-ए-रुख़्सार[1] कम कर दीजिए

1 गालों की गर्माहट

एक तो शर्म आपकी और इस पे तकिया दर्मियाँ
दोनों दीवारों में इक दीवार कम कर दीजिए

आप तो बस खोलिए लब बोसा देने के लिए
बोसा देने पर जो है तक्रार[1] कम कर दीजिए

1 तर्क-वितर्क

रात के पहलू में फैला दीजिए ज़ुल्फ़-ए-दराज़[1]
यूँही कुछ तूल-ए-शब-ए-बीमार[2] कम कर दीजिए

1 लम्बे बाल 2 बीमार की रात की लंबाई

या इधर कुछ तेज़ कर दीजे घरों की रौशनी
या उधर कुछ रौनक़-ए-बाज़ार[1] कम कर दीजिए

1 बाज़ार की चहल-पहल

वो जो पीछे रह गए हैं तेज़-रफ़्तारी[1] करें
आप आगे हैं तो कुछ रफ़्तार कम कर दीजिए

1 तेज़ तेज़ चलना

हाथ में है आपके तल्वार कीजे क़त्ल-ए-आ'म[1]
हाँ मगर तल्वार की कुछ धार कम कर दीजिए

1 नर-संहार

बस मोहब्बत बस मोहब्बत बस मोहब्बत जान-ए-मन
बाक़ी सब जज़्बात[1] का इज़्हार कम कर दीजिए

1 भावनाएँ

शाइ'री तन्हाई की रौनक़[1] है महफ़िल की नहीं
फ़रहत एहसास अपना ये दरबार कम कर दीजिए

1 चमक दमक

मैं आ गया हूँ यहाँ यार यारने के लिए
तमाम शादी-शुदों को कुँवारने के लिए

कहाँ है बन्दा-ए-तहज़ीब[1] मेरे सामने आए
मोहब्बत आई है तुझको गँवारने[2] के लिए
1 सुसंस्कृत व्यक्ति 2 गँवार बनाने

हम अह्ल-ए-कुफ़्र[1] भी अह्ल-ए-ज़बान[2] हैं आख़िर
ख़ुदा ही चाहिए हमको पुकारने के लिए
1 अधर्मी 2 शुद्ध भाषा वाले

बदन को चाहिए इक उ'म्र दर्स-ए-उ'र्यानी[1]
किसी के सामने कपड़े उतारने के लिए
1 नंग्नता की शिक्षा-दीक्षा

डुबोने के लिए ता'मीर[1] की गई कश्ती
भँवर बनाए गए पार उतारने के लिए
1 निर्मित

उसे ख़बर थी कि दिल डूबने लगा है मिरा
यही था वक़्त उसे सीना उभारने के लिए

तू अपने जिस्म का मिज़्राब[1] ले के आ एहसास
कि जिस्म-ए-यार है तेरे सितारने[2] के लिए
1 वाद्य बजाने का यंत्र 2 सितार बनाना

ख़ुद को रोज़ एक नए ज़ह्‌र से भरते रहिए
ज़िन्दा रहना हो जो इस शह्‌र में मरते रहिए

हम कहीं और सँवरवाएँगे क़िस्मत[1] अपनी
पेश-ए-आईना[2] युँही आप संवरते रहिए
1 भाग्य 2 आईने के सामने

आपके जुर्म का बाहर तो नहीं कोई गवाह
इक गवाह आपके अन्दर है सो डरते रहिए

जिनका कुछ ठीक नहीं शोर उन्हें करने दीजे
आप जो ठीक समझते हैं वो करते रहिए

डूबना आपके सैलाब में ए'ज़ाज़[1] मिरा
डूबने दीजे मुझे आप उभरते रहिए
1 सम्मान

आपके हाथ में ख़न्जर है तो फिर बिस्मिल्लाह
नूर बन कर मिरे सीने में उतरते रहिए

शाइ'री करना बहुत जान जलाने का है काम
फ़रहत एहसास मगर शाइ'री करते रहिए

बीमार हो गया हूँ शिफ़ा-ख़ाना[1] चाहिए
ये सारा शह्र मुझको बियाबाना[2] चाहिए

1 चिकित्सालय 2 वीराने जैसा

साँसों की ज़र्ब[1] से न कटेगा हमारा हब्स[2]
हमको तो एक पूरा हवा-ख़ाना[3] चाहिए

1 चोट 2 घुटन 3 हवा का घर

यूँही दिखा रही है मोहब्बत के सब्ज़ बाग़
मेरे बदन को रूह से हर्जाना चाहिए

ताख़ीर[1] हो गई तो बिखर जाएगा बदन
आग़ोश[2]-ए-यार अब तुझे खुल जाना चाहिए

1 देर 2 आलिंगन, खुली बाहें

फिर दा'वत-ए-गुनाह मिली इक निगाह से
फिर मेरी पार्साई[1] को शर्माना चाहिए

1 धार्मिक रूप से पाक-साफ़ होना

वो जल्वा सामने हो तो कैसी दुआ'-सलाम
बस देखते ही काम पे लग जाना चाहिए

देखें तो कौन जाता है महमिल[1] में ख़्वाब के
ता'बीर[2] के ग़ज़ाल[3] को दौड़ाना चाहिए

1 ऊँट के पीठ पर बैठने का हौदा 2 ख़्वाब की व्याख्या, अर्थ 3 हिरण

ऊधम मचा रहे हैं बहुत लोग शह्र के
एहसास जी को दश्त[1] से बुलवाना चाहिए

1 वीराना

जिस क़दर हुक्म ज़ालिमाना हुए
आ'शिक़ उतने ही आ'शिक़ाना हुए

एक लम्हा हुए हमारे न तुम
हम तुम्हारे लिए ज़माना हुए

'मीर' ने जिस क़दर सिखाया इ'श्क़
लोग उतने ही ग़ालिबाना[1] हुए

1 ग़ालिब जैसे

बुत-परस्ती[1] ख़ुदा-परस्ती[2] हुई
हम मुसलमान काफ़िराना हुए

1 मूर्ति पूजा 2 ख़ुदा की इ'बादत

मिट्टियाँ चाक पर चढ़ीं और जिस्म
सफ़र-ए-रक़्स[1] पर रवाना हुए

1 नृत्य की यात्रा

उसकी आँखें हैं जब से आँखों में
हम ख़ुद अपना शराब-ख़ाना हुए

फ़रहत एहसास लाख हो शाइ'र
शे'र उसके न शाइ'राना हुए

हवा चली है बहुत तेज़ दर्द करते हुए
तमाम शह्र के चेहरे को ज़र्द[1] करते हुए

1 पीला

मुआ'शरे[1] को तो जब देखिए मुरत्तब[2] है
बिखर गए हम उसे फ़र्द-फ़र्द[3] करते हुए

1 समाज 2 व्यवस्थित 3 अलग अलग

वो सारी औ'रतें औ'रत बना मैं जिनके लिए
मिली हैं मुझको मुझे फिर से मर्द करते हुए

मिरे बदन से जो उट्ठे तिरे बदन की तरफ़
मैं जल गया उन्हीं शो'लों को सर्द करते हुए

रक़ीब-ए-मदरसा[1] तेरे मिले थे आज एहसास
किताब-ए-इ'श्क़ तिरी सारी गर्द करते हुए

1 मदरसे के विरोधी लोग

ये एक जैसा जुनूँ बार बार करते हुए
मैं थक गया हूँ दिल-ओ-जाँ निसार[1] करते हुए

1 न्योछावर

बिछड़ गया है कहीं कोई हमसफ़र[1] मेरा
मैं ख़ुद को भूल गया हूँ शुमार[2] करते हुए

1 साथ चलने वाला 2 गिनना

हम आ गए हैं बहुत दूर अपने ख़ेमे से
ख़ुद अपने दश्त[1] में अपना शिकार करते हुए

1 जंगल, बियाबान

मैं अपने ख़्वाब उन आँखों में छोड़ आया हूँ
जो बुझ गई हैं मुझे अश्कबार[1] करते हुए

1 आँसुओं से भरना

बस अपनी मस्जिद-ए-ख़ाकी[1] में सज्दा-रेज़[2] हूँ मैं
गुज़र रहे हैं ज़माने पुकार करते हुए

1 मिट्टी की मस्जिद 2 नत-मस्तक

चेहरे क्या देखते हो इ'श्क़ के दीवानों के
आदमी हम नहीं किर्दार[1] हैं अफ़्सानों के

1 पात्र

तुमको क्या ख़ाक नशा होगा शराबें पी कर
तुम कभी दिल में उतरते नहीं पैमानों[1] के

1 शराब का प्याला

हम शराबों के तसव्वुर[1] के नशे में धुत हैं
इस क़दर ज़िक्र सुना करते हैं मयख़ानों[2] के

1 कल्पना 2 शराब-ख़ानों

इ'श्क़ और इ'श्क़ ही जीने के मरज़[1] का है इ'लाज
फेरे क्यों करते हो दुनिया के दवा-ख़ानों के

1 रोग

ख़ुद सँवरना ही नहीं चाहता बद-क़िस्मत[1] शह्र
हम सँवार आए मुक़द्दर कई वीरानों के

1 अभाग्य

फ़रहत एहसास से जलने का हुनर सीख आओ
इस ज़माने में वही पीर[1] हैं पर्वानों के

1 बुज़ुर्ग, गुरू

क्या बैठ जाएँ आन के नज़्दीक आपके
बस रात काटनी है हमें आग ताप के

कहिए तो आपको भी पहन कर मैं देख लूँ
मा'शूक़ यूँ तो हैं ही नहीं मेरी नाप के

बजती हैं शह्र शह्र मिरे दिल की धड़कनें
चर्चे हैं दूर दूर इसी ढोलक की थाप के

इक रात आप जिस्म-ए-ख़ुदा[1] बन के आइए
और हम गुनाहगार हों पहलू में आपके
1 ख़ुदा का बदन

एहसास जी पे ऐसा चढ़ा आ'शिक़ी का रंग
सब दाग़ मिट गए हैं तिलक और छाप के

हमने ख़ुद पर यही दो काम ही लाज़िम[1] रक्खे
सख़्त अज़िय्यत[2] भी सही होश भी क़ाइम रक्खे

1 ज़रूरी 2 यातना

मुझ पे सूरज ने इ'नायत[1] तो बहुत की लेकिन
वो कहाँ तक मिरी मिट्टी को मुलाइम रक्खे

1 कृपा

हुस्न का कोई ख़ुदा है तो दुआ' है मेरी
जिस्म-ए-फ़ानी[1] में तिरे हुस्न को दाइम[2] रक्खे

1 नश्वर शरीर 2 अमर

इस क़दर पाक कहाँ रूह[1] हमारी कि वो जिस्म
अपनी ख़िदमत के लिए हमको मुलाज़िम रक्खे

1 आत्मा

चाहिए आदमी ही उसको ख़ुदा होते हुए
वैसे वो कितने फ़रिश्तों को भी ख़ादिम[1] रक्खे

1 सेवक

मोमिनों[1] को युँही इस्लाम पे रक्खे तो ख़ुदा
फ़रहत एहसास को भी कुफ़्र[2] पे क़ाइम[3] रक्खे

1 मुसलमानों 2 ख़ुदा से इन्कार 3 अडिग

कर दिया है इ'श्क़ का इज़्हार[1] पकड़े जाएँगे
लफ़्ज़ हो कर इतने मा'नी-दार[2] पकड़े जाएँगे

1 व्यक्त करना 2 अर्थपूर्ण

सोते रहिए वर्ना दिन की धूप ज़ालिम है बहुत
जागते ही दीदा-ए-बेदार[1] पकड़े जाएँगे

1 जागती आँखें

शह्र में हंगामा कर रक्खा है उसकी ज़ुल्फ़ ने
कोई दिन हम भी सर-ए-बाज़ार[1] पकड़े जाएँगे

1 बाज़ार में

आ'शिक़ी में इस क़दर हम-शक्ल हैं सब अपने यार
मैं उसे छेड़ूँगा मेरे यार पकड़े जाएँगे

जाने क्या क्या बकते फिरते हैं हक़ीक़त के ख़िलाफ़
इस कहानी के सभी किर्दार पकड़े जाएँगे

बच के सूरज से यहाँ साए में बैठे हैं जो लोग
देखना इक दिन पस-ए-दीवार[1] पकड़े जाएँगे

1 दीवार के पीछे

अब तो उस झूठे मसीहा[1] की हुकूमत आ गई
ठीक हो लें वर्ना सब बीमार पकड़े जाएँगे

1 इ'लाज करने वाला

उसकी सूरत साफ़ आती है नज़र अश्आ'र में
फ़रहत एहसास अब तिरे अश्आ'र पकड़े जाएँगे

वहशतो[1] हम तुम्हें रुस्वा नहीं होने देंगे
शह्र को हमसर-ए-सहरा[2] नहीं होने देंगे
1 दीवानगी 2 वीराने के बराबर

हमने चाहा है तुझे तेरे तसव्वुर[1] को नहीं
तुझे हर्गिज़ कभी तुझ-सा नहीं होने देंगे
1 कल्पना

मार डालेंगे ख़ुदा को भी गर उसने चाहा
और तुझ सा कोई पैदा नहीं होने देंगे

हम हैं जैसे उसे वैसा ही रखेंगे ता-उ'म्र[1]
अपना ऐसा कभी वैसा नहीं होने देंगे
1 आजीवन

रात-दिन इतनी पढ़ाते हैं किताबें कि ये लोग
किसी बच्चे को भी बच्चा नहीं होने देंगे

मिरी मस्जिद की इ'मारत पे है क़ब्ज़ा जिनका
वो मुझे साहिब-ए-सज्दा[1] नहीं होने देंगे
1 सज्दा करने वाला

फ़रहत एहसास हमारा है अलिफ़[1] से ये[2] तक
किसी इक हर्फ़ का सारा नहीं होने देंगे
1 उर्दू का पहला अक्षर 2 उर्दू का आख़िरी अक्षर

आप क्या इस ख़्वाब में थोड़ी सी तब्दीली करेंगे
मेरी जानिब खुलने वाली भी कोई खिड़की करेंगे

कुछ मोहब्बत के सिवा भी सोचता हूँ कर के देखूँ
क्या गिरफ़्त[1] अपनी कुछ इस नाचीज़ पर ढीली करेंगे

1 पकड़

इक सिपाह-ए-ख़ुद-फ़रामोशी[1] लगा रक्खी है हमने
ख़्वाब उसके रात आते ही दर-अन्दाज़ी[2] करेंगे

1 स्वयं से बेख़बर रखने वाला सिपाही 2 घुसपैठ

आपके ना'रे बहुत ही इन्क़िलाबी[1] थे तो सोचा
आप ही शायद वो हैं सच-मुच जो तब्दीली करेंगे

1 क्रांतिकारी

ये तो कुछ अ'य्याश[1] से लम्हों की रूदाद-ए-हवस[2] है
आप लगता था कोई ए'लान तारीख़ी[3] करेंगे

1 भोगी-विलासी 2 भोग विलास का वृतांत 3 ऐतिहासिक

रात करवा-चौथ की और चाँद आया चाहता है
फ़रहत एहसास अपने घर जाने की अब जल्दी करेंगे

जोश-ए-जुनूँ[1] में इतने अंधे कभी न होंगे
आ'शिक़ तो हैं प तेरे बन्दे कभी न होंगे

1 दीवानगी की शिद्दत

तुम हो जो इस तरह के उस तर्ह के न होना
हम भी रहेंगे ऐसे वैसे कभी न होंगे

ऐ पाक-साफ़ लोगो थोड़े गुनाह कर लो
वर्ना मरज़ तुम्हारे अच्छे कभी न होंगे

ऐसे ही शे'र सारे अच्छे लगेंगे सबको
वो शे'र जो किसी ने समझे कभी न होंगे

हमने भी तय किया है हो कर रहेंगे उनके
ये तय है जो हमारे अपने कभी न होंगे

चारों तरफ़ तना है मिट्टी का पाक[1] पर्दा
कपड़ों बग़ैर भी हम नंगे कभी न होंगे

1 पवित्र

आग़ोश[1] में तुम्हारी जैसे बहल गए हैं
एहसास जी किसी से बहले कभी न होंगे

1 बाँहों

रास्ते हमसे राज़ कहने लगे
फिर तो हम रास्तों में रहने लगे

मेरी आँखों को मिल गए अल्फ़ाज़
सारे आँसू लबों से बहने लगे

शह्र के लफ़्ज़ कर दिए वापस
अपनी ज़ात[1] अपनी बात कहने लगे

1 निज, स्वयं

हम अभी ठीक से बने भी न थे
ख़ुद से टकराए और ढहने लगे

उसने तल्क़ीन-ए-सब्र[1] की थी सो हम
जो न सहना था वो भी सहने लगे

1 सांत्वना देना

हमने मिट्टी की बेड़ियाँ काटीं
तोड़ा ज़िन्दान-ए-आब[1], बहने लगे

1 पानी का क़ैदख़ाना

मुज़्दा[1] ऐ साकिनान-ए-शह्र-ए-सुख़न[2]
फ़रहत एहसास शे'र कहने लगे

1 शुभ-समाचार 2 शाइ'री के शह्र में रहने वाले

नशा ख़ुद अपनी मोहब्बत का है जनाब मुझे
मैं सादा पानी भी पी लूँ तो है शराब मुझे

इक ऐसी प्यास की शिद्दत हूँ मैं कि हुक्म[1] करूँ
तो आ के पानी पिलाए अभी सराब[2] मुझे

1 आदेश 2 मृगतृष्णा

तमाम शब मिरी ख़िदमत में रहता है महताब[1]
सलाम सुब्ह को करता है आफ़्ताब[2] मुझे

1 चाँद 2 सूरज

तिरे गुलाब में काँटे बहुत ज़ियादा हैं
तुझे न भूलने देगा तिरा गुलाब मुझे

गुनाह करता हूँ फ़ौरन अ'ज़ाब[1] मिलता है
प नेक काम का बरसों नहीं सवाब[2] मुझे

1 प्रकोप 2 पुण्य

रहूँ ख़मोश तो कहता है तू पुकारा कर
पुकारता हूँ तो देता नहीं जवाब मुझे

मैं जिससे वस्ल की ता'लीम[1] लेने पहुँचा था
थमा गया वो अ'जब हिज्र[2] की किताब मुझे

1 शिक्षा 2 विरह

बना लिया है मुझे मय-कशों ने पीर अपना
शराब ख़ुद ही पिलाती है अब शराब मुझे

अ'जीब पर्दानशीं[1] था जो की ज़बरदस्ती
तो चेहरा ले गया और दे गया नक़ाब मुझे

1 पर्दे में रहने वाला

ठोकरें खा के सँभलना नहीं आता है मुझे
चल मिरे साथ कि चलना नहीं आता है मुझे

अपनी आँखों से बहा दे कोई मेरे आँसू
अपनी आँखों से निकलना नहीं आता है मुझे

अब तिरी गर्मी-ए-आग़ोश[1] ही तदबीर करे
मोम हो कर भी पिघलना नहीं आता है मुझे

1 बाँहों में मिलने वाली गर्माहट

शाम कर देता है अक्सर कोई ज़ुल्फ़ों वाला
वर्ना वो दिन हूँ कि ढलना नहीं आता है मुझे

अपने मा'नी को बदलना तो मुझे आता है
उनके लफ़्ज़ों को बदलना नहीं आता है मुझे

फ़रहत एहसास तरक़्क़ी[1] नहीं करनी मुझको
इतनी रफ़्तार से चलना नहीं आता है मुझे

1 प्रगति

जीतना है न हारना है मुझे
अबके मैदान मारना है मुझे

सिर्फ़ इक बार ख़ुदकुशी[1] कर के
मौत का क़र्ज़[2] उतारना है मुझे

1 आत्महत्या 2 उधार

मुन्तज़िर[1] कोई भी नहीं है मिरा
ख़ुद को ही इन्तिज़ारना है मुझे

1 प्रतीक्षारत

बार-बार उसके दर पे जाना है
बस यही बार-बारना है मुझे

नई करनी है सूरत-ए-मन-ओ-तू[1]
अपने मैं को तुम्हारना है मुझे

1 मेरी और तुम्हारी सूरत

चाहे जैसी भी हो ग़िज़ा-ए-ख़याल[1]
फ़ल्सफ़े[2] में बघारना है मुझे

1 विचार का खाना 2 तर्क

फ़रहतुल्लाह ख़ाँ को आख़िर-कार
फ़रहत एहसास यारना है मुझे

मिला है जिस्म कि उसका गुमाँ[1] मिला है मुझे
वो हाथ आ के भी अक्सर कहाँ मिला है मुझे

1 भ्रम

मैं सिर्फ़ देख ही सकता हूँ चश्म-ए-साहिल[1] से
कि वो बदन अ'जब आब-ए-रवाँ[2] मिला है मुझे

1 साहिल की आँख 2 बहता पानी

फ़रोख़्त[1] कर के ख़सारे[2] में आ गया बाज़ार
तो सोच लो कि वो कितना गराँ[3] मिला है मुझे

1 बेचना 2 घाटा 3 मंहगा

अचानक आज मिरा ज़ख़्म बात करने लगा
बहुत दिनों में कोई हम-ज़बाँ[1] मिला है मुझे

1 बात करने वाला

हमेशा देर से पहुँचा मैं उसकी महफ़िल में
बजाए आग हमेशा धुआँ मिला है मुझे

अ'जब कशाकश[1]-ए-ईमान-ओ-कुफ़्र रहती है
वो बुत हमेशा ब-वक़्त-ए-अज़ाँ[2] मिला है मुझे

1 खींचतान 2 अज़ान के वक़्त

उलट के रख दिया एहसास ने हिसाब-ए-उ'म्र
वो रोज़ कल से ज़ियादा जवाँ मिला है मुझे

हर एक चीज़ से वहशत[1] सी हो रही है मुझे
तो क्या किसी से मोहब्बत सी हो रही है मुझे

1 उलझन, दूर भागना

ख़ुद अपने आपमें अब जी मिरा नहीं लगता
किसी की सख़्त ज़रूरत सी हो रही है मुझे

उसी की सम्त इशारे हैं सब किताब के लफ़्ज़
किताब उसकी ही सूरत सी हो रही है मुझे

दम-ए-विसाल[1] बहुत शोर कर रहा है बदन
कि इस विसाल से वहशत[2] सी हो रही है मुझे

1 मिलन के वक़्त 2 घबराहट

ख़ुद अपना साथ भी तन्हाई को है नामन्जूर
कुछ और ख़्वाहिश-ए-ख़ल्वत[1] सी हो रही है मुझे

1 अकेला होने की इच्छा

बना है अबके मिरा दोस्त आइना उसका
सो रोज़ उसकी ज़ियारत[1] सी हो रही है मुझे

1 दर्शन

मिले थे मुझको फ़क़त[1] जिस्म के दर-ओ-दीवार
मोहब्बत उसकी अब इक छत सी हो रही है मुझे

1 सिर्फ़

हर आइने में नज़र आ रहा है अ'क्स मिरा
तो क्या ये कोई बशारत[1] सी हो रही है मुझे

1 शुभ संकेत

ये रोज़ इक नया मा'शूक़ हज़रत-ए-एहसास
बड़े मियाँ से रक़ाबत[1] सी हो रही है मुझे

1 प्रतिद्वंदिता

कुर्सी-ए-दिल पे तिरे जाते ही दर्द आ बैठे
जैसे आईना-ए-बेकार पे गर्द आ बैठे

पहली मन्ज़िल पे ही टकरा के गिरे दुनिया से
पाँव तुड़वा के तमाम अह्ल-ए-नबर्द[1] आ बैठे

1 संघर्ष करने वाले

दा'वत-ए-दीद[1] जो उस क़ामत-ए-रंगीं[2] की मिली
बज़्म[3] में हम भी लिए ये रुख़-ए-ज़र्द[4] आ बैठे

1 दर्शन का निमंत्रण 2 सुंदर जिस्म 3 महफ़िल 4 पीला चेहरा

औ'रतें काम पे निकली थीं बदन घर रख कर
जिस्म ख़ाली जो नज़र आए तो मर्द आ बैठे

शह्र इक सम्त से जंगल सा नज़र आने लगा
शह्र के दिल में भी क्या दश्त-नवर्द[1] आ बैठे

1 वीरानों में फिरने वाले

फ़रहत एहसास की ता'ज़ीम[1] में उट्ठा था समाज
और वो उसकी जगह सूरत-ए-फ़र्द[2] आ बैठे

1 सम्मान 2 व्यक्ति की तरह

सहरा[1] के संगीन सफ़र में आब-रसानी[2] कम न पड़े
सारी आँखें भर कर रखना देखो पानी कम न पड़े

1 रेगिस्तान 2 पानी की आपूर्ति

ज़ेह्न मुसलसल क़िस्से सोचें होंठ मुसलसल ज़िक्र करें
सुब्ह तलक ज़िन्दा रहना है कहीं कहानी कम न पड़े

इ'श्क़ ने सौंपा है मुझको इक सहरा की ता'मीर[1] का काम
और हिदायत[2] की है ज़र्रा भर वीरानी कम न पड़े

1 निर्माण 2 निर्देश देना

मेरी शहरग[1] काटी उसने और कहा शोख़ी के साथ
तू सच्चा आ'शिक़ है तो फिर देख रवानी[2] कम न पड़े

1 वो नस जिसके कटने से मौत हो जाती है 2 बहाव

थोड़ा थोड़ा मरता भी रहता हूँ मैं जीने के साथ
ताकि वक़्त-ए-ज़रूरत मरने की आसानी कम न पड़े

सज्दा करने को होता हूँ एक बहुत ही बड़े बुत का
और फिर सोचता हूँ ये छोटी सी पेशानी कम न पड़े

हमें छुपाने को दुनिया ने खोल दिए कपड़ों के थान
चाक-गरेबानी[1] तेरा ज़ोर-ए-उ'र्यानी[2] कम न पड़े

1 दीवानगी 2 नग्नता का उफ़ान

तुम फ़रहत एहसास बस अपने आपको मरने मत देना
ताकि दफ़्तर-ए-दुनिया में दख़्ल-ए-इन्सानी[1] कम न पड़े

1 इन्सान का हस्तक्षेप

शह्र-ए-तहज़ीब[1] से हिज्रत[2] भी नहीं कर सकते
हम वो पागल हैं कि वहशत[3] भी नहीं कर सकते

1 सभ्य लोगों का शह्र 2 पलायन 3 दीवानापन

मौत मेहमान मुक़र्रर[1] है बदन की जिसे हम
रख भी सकते नहीं रुख़्सत[2] भी नहीं कर सकते

1 तय 2 विदा

पहले हैरत[1] से फटी रहती थीं आँखें और अब
अपने इस हाल पे हैरत भी नहीं कर सकते

1 अचंभा

हुस्न-ए-तहरीर[1] है जब तक कि पढ़ा जा न सके
बसकि तहरीर को ख़ुश-ख़त[2] भी नहीं कर सकते

1 लेखनी की सुन्दरता 2 सुन्दर लिखावट

फ़रहत एहसास हैं तन्हाई की रौनक़ तिरे शे'र
दाद दे कर तिरी शोहरत भी नहीं कर सकते

बे-बदन काम हमारे तो नहीं चल सकते
उ'म्र भर यूँही इशारे तो नहीं चल सकते

तुम तो दरिया हो तुम्हीं चल के हमारी तरफ़ आओ
हम किनारे हैं किनारे तो नहीं चल सकते

जैसी चलते हैं रक़ीबों[1] के सितारे चालें
मेरी क़िस्मत के सितारे तो नहीं चल सकते

1 प्रतिद्वंदी

फ़र्द[1] चल सकते हैं कुछ दिन तो फ़क़त[2] रूह के बल
लेकिन इस तर्ह इदारे[3] तो नहीं चल सकते

1 एकाकी 2 सिर्फ़ 3 संस्था

सफ़र-ए-वस्ल[1] में कुछ ज़ोर के जज़्बों के सिवा
इतने जज़्बात हैं सारे तो नहीं चल सकते

1 मिलन की यात्रा

ठीक है इ'श्क़ ख़सारे[1] का है सौदा फिर भी
मुस्तक़िल[2] इतने ख़सारे तो नहीं चल सकते

1 घाटे 2 लगातार

उसकी अब्रू[1] की कटारी पे है झगड़ा सारा
लेकिन इस बात पे आरे तो नहीं चल सकते

1 भौंह

फ़रहत एहसास पे अब इ'श्क़ का ख़न्जर भी तो मार
ख़ुद-ब-ख़ुद[1] ख़ून के धारे तो नहीं चल सकते

1 स्वत: अपने आप

उ'म्र-ए-बे-वज्ह गुज़ारे भी नहीं जा सकते
इतने ज़िन्दा हैं कि मारे भी नहीं जा सकते

हाल अब ये है कि दरिया में भी लगता नहीं जी
और किसी एक किनारे भी नहीं जा सकते

उस जगह जा के वो बैठा है भरी महफ़िल में
अब जहाँ मेरे इशारे भी नहीं जा सकते

ज़ेब-ए-तन[1] इतने किए दिल ने हवस[2] के मल्बूस[3]
कि शब-ए-वस्ल[4] उतारे भी नहीं जा सकते

1 पहनना 2 वासना 3 कपड़े 4 मिलन की रात

नींद से उसको जगाना भी ज़रूरी है बहुत
रात भर उसको पुकारे भी नहीं जा सकते

सारी शक्लों से परे है वो हमारा महबूब
सो तसव्वुर[1] के सहारे भी नहीं जा सकते

1 ध्यान, कल्पना

जीतने का न कोई शौक़ न तौफ़ीक़[1] हमें
लेकिन इस तर्ह तो हारे भी नहीं जा सकते

1 ईश्वर-कृपा

फ़लक-ए-इ'श्क़[1] पे ता-देर ठहरना है मुहाल[2]
इस बुलन्दी से उतारे भी नहीं जा सकते

1 इ'श्क़ का आस्मान / अकाश 2 कठिन

फ़रहत एहसास तुझे मन्अ' है जाना उस तक
क्या तिरे ख़ून के धारे भी नहीं जा सकते

तुम्हें उससे मोहब्बत है तो हिम्मत क्यों नहीं करते
किसी दिन उसके दर पे रक़्स-ए-वहशत[1] क्यों नहीं करते

1 दीवानगी में किया जाने वाला नृत्य

इ'लाज अपना कराते फिर रहे हो जाने किस-किससे
मोहब्बत कर के देखो ना, मोहब्बत क्यों नहीं करते

तुम्हारे दिल पे अपना नाम लिक्खा हमने देखा है
हमारी चीज़ फिर हमको इ'नायत[1] क्यों नहीं करते

1 प्रदान करना

मिरी दिल की तबाही की शिकायत पर कहा उसने
तुम अपने घर की चीज़ों की हिफ़ाज़त क्यों नहीं करते

बदन बैठा है कब से कासा-ए-उम्मीद[1] की सूरत
सो दे कर वस्ल की ख़ैरात[2] रुख़्सत क्यों नहीं करते

1 उम्मीद का कटोरा 2 दान

क़यामत[1] देखने के शौक़ में हम मर मिटे तुम पर
क़यामत करने वालो अब क़यामत क्यों नहीं करते

1 प्रलय

मैं अपने साथ जज़्बों[1] की जमाअ'त[2] ले के आया हूँ
जब इतने मुक़्तदी[3] हैं तो इमामत[4] क्यों नहीं करते

1 संवेदना 2 एक साथ नमाज़ पढ़ने वालों का समूह 3 इमाम के पीछे नमाज़ पढ़ने वाले
4 सामूहिक नमाज़ की अगुवाई करना

तुम अपने होंठ आईने में देखो और फिर सोचो
कि हम सिर्फ़ एक बोसे पर क़नाअ'त[1] क्यों नहीं करते

1 संतोष होना

बहुत नाराज़ है वो और उसे हमसे शिकायत है
कि इस नाराज़गी की भी शिकायत क्यों नहीं करते

कभी अल्लह मियाँ पूछेंगे तब उनको बताएँगे
किसी को क्यों बताएँ हम इ'बादत[1] क्यों नहीं करते

1 तपस्या

मुरत्तब[1] कर लिया है कुल्लियात-ए-ज़ख़्म[2] अगर अपना
तो फिर एहसास जी उसकी इशाअ'त[3] क्यों नहीं करते

1 संकलित 2 ज़ख़्मों का संग्रह 3 प्रकाशित

आप अपने लफ़्ज़ों में रौशनी नहीं करते
शे'र जोड़ लेते हैं शाइ'री नहीं करते

जानते हैं जीने में मौत की मिलावट है
आप फिर भी जीने में कुछ कमी नहीं करते

ख़ूब बातें करते हैं मुझसे सब मिरे मा'शूक़
एक बात भी लेकिन काम की नहीं करते

हम चराग़ हैं लेकिन आप अपनी मर्ज़ी के
जब भी जी नहीं करता रौशनी नहीं करते

ज़िन्दगी का हर लम्हा दे के जाता है इक काम
जो अभी नहीं करते वो कभी नहीं करते

काम सारे करते हैं बात सिर्फ़ ज़िद की है
हमसे जो कहा जाए बस वही नहीं करते

जान देते हैं तुझ पर सज्दा क्यों करें तेरा
तुझसे प्यार करते हैं बन्दगी[1] नहीं करते

1 पूजा

हम हैं काफ़िर-ए-हिन्दी[1] हम हैं बुत-परस्त[2] एहसास
शिर्क[3]-ए-इ'श्क़ करते हैं और ख़फ़ी[4] नहीं करते

1 हिन्दोस्तान के काफ़िर (अधर्मी) 2 मूर्तिपूजक 3 ख़ुदा के साथ किसी और को भी शामिल करना 4 ढका-छुपा

कस-ओ-ना-कस[1] पे हम मा'नी की अर्ज़ानी[2] नहीं करते
सो शे'र अपना सर-ए-बाज़ार[3] बा-मा'नी[4] नहीं करते

1 हर किसी 2 सस्ता होना 3 बीच बाज़ार में 4 अर्थपूर्ण

कहाँ नफ़रत की फ़ुर्सत हम हैं ऐसे इ'श्क़-नाकारे[1]
कि ख़ुद उठ कर मोहब्बत भी ब-आसानी नहीं करते

1 इ'श्क़ के बेकार किये हुए

तुम्हारा दिल भी बिल्कुल रोक देंगे हम धड़कने से
जहाँ तक तुम हमारे ख़ूँ में दौरानी[1] नहीं करते

1 गति

हवस[1] की बे-लिबासी[2] बे-लिबासी ही नहीं होती
सो नंगे हो के भी कुछ लोग उ'र्यानी[3] नहीं करते

1 कामुक्ता 2 निर्वस्तता 3 नग्नता

ख़ुदा होने की तय्यारी में लग जाते हैं बचपन से
जो लोग अपने लड़कपन में भी शैतानी नहीं करते

बहुत मुम्किन था हम दो जिस्म और इक जान हो जाते
मगर दो जिस्म सिर्फ़ इक जान से हल्कान[1] हो जाते

1 परेशान होना, थकन

तुम आते तो, दिलों से खेलने का शौक़ था तुमको
तो मेरे जिस्म-ओ-जाँ इस खेल का मैदान हो जाते

हम उसके वस्ल के चक्कर में ग़ारत[1] हो गए आख़िर
किया होता जो हिज्र अच्छे-भले इन्सान हो जाते

1 तबाह

आँख को आइना कर लेना है रोते-रोते
काम मुश्किल है प हो जाएगा होते-होते

आँखें एक और ही दुनिया में खुलें लुत्फ़[1] आ जाए
हम किसी ख़्वाब में उठ जाएँ जो सोते-सोते

1 मज़ा

इ'श्क़ के घाट उतार आए थे हम जिस्म अपना
और हमें उसने नया कर दिया धोते-धोते

दाद देता रहा हमको वो खुली आँखों से
हम उसे शे'र सुनाते रहे सोते-सोते

गुलशन-ए-ख़ाम-ख़याली[1] में खिला वह्म[2] का फूल
थक गए हम जो तिरे ख़्वाब को बोते-बोते

1 भ्रम का बाग़ 2 भ्रम

ज़िन्दगी के लिए हम एक मवेशी ही तो थे
ले गई उ'म्र की गाड़ी हमें जोते-जोते

फ़रहतुल्लाह की सूरत में हुआ जो पैदा
फ़रहत एहसास भी हो जाएगा होते-होते

चाकरी में रह के इस दुनिया की मोह्मल[1] हो गए थे
हम तभी तो देखते ही उसको पागल हो गए थे

1 अर्थहीन

जिस्म से बाहर निकल आए थे हम उसकी सदा[1] पर
एक लम्हे को तो सारे मस्अले[2] हल हो गए थे

1 आवाज़ 2 समस्याएँ

इ'श्क़-मक़्नातीस[1] पर सब जम्अ' थे ज़र्रे[2] हमारे
मुन्तशिर[3] मिट्टी के मन्सूबे[4] मुकम्मल[5] हो गए थे

1 इ'श्क़ की चुंबक 2 कण 3 बिखरा हुआ 4 योजनाएँ 5 पूरी

मेरे हर मिस्रे' पे उसने वस्ल का मिस्रा' लगाया
हम ग़ज़ल थे और शब भर में मुकम्मल हो गए थे

मैं मकान-ए-वस्ल[1] में पहुँचा तो वो ख़ाली पड़ा था
और दरवाज़े भी बाहर से मुक़फ़्फ़ल[2] हो गए थे

1 मिलन का मकान 2 ताला लगा हुआ

ऐ ग़ज़ाल[1] इस शह्र में जब तू हिरासाँ[2] फिर रहा था
याद कर हम तुझको घर देने में जंगल हो गए थे

1 हिरन 2 डरा हुआ

गर्द उड़ाती जा रही थी तेज़-रफ़्तारी हमारी
हम-सफ़र सब दूर तक आँखों से ओझल हो गए थे

फ़रहत एहसास एक दम आ'शिक़ हुए थे जाने किसके
देखते ही देखते आँखों से ओझल हो गए थे

ख़ुशी हुई जो मिला ग़म कि ग़म ही चाहते थे
हम अपनी ख़ाक-ए-मोहब्बत[1] को नम ही चाहते थे

1 मोहब्बत की मिट्टी

कमी में कोई कमी हो तो कम नहीं लगती
इसी ख़याल से हम उसको कम ही चाहते थे

चला मैं क़ब्र में अपनी तुम अपनी क़ब्र में जाओ
कि ज़िन्दा होना क़दम दो क़दम ही चाहते थे

खुला कि एक हमीं रह गए हैं अपने साथ
कि अपने आपको शायद कि हम ही चाहते थे

कजी[1] दिखा न हमारे मकान-ए-दुनिया[2] की
हम इस मकाँ को इसी तर्ह ख़म[3] ही चाहते थे

1 टेढ़ा पन 2 दुनिया का घर, मकान 3 टेढ़ा

हज़ार शुक्र कि पहलू-ए-ज़म[1] नज़र आया
हम अपने शे'र में पहलू-ए-ज़म ही चाहते थे

1 बुरा पक्ष

हमारे सज्दों से बुत-ख़ाना[1] हो गई मस्जिद
हमारे बुत भी बिलाख़िर[2] हरम[3] ही चाहते थे

1 मंदिर 2 अंतत: 3 मस्जिद

वो शीशा टूट गया हमसे जल्द-बाज़ी में
कि उ'म्र भर का विसाल[1] एक दम ही चाहते थे

1 मिलन

बहुत से आए पर एहसास सबको जाने दिया
ग़ज़ाल-ए-जिस्म[1] तो आख़िर को रम[2] ही चाहते थे

1 बदन का हिरन 2 कुलाँचें भरना

यूँही आ जाते हैं दुनिया में हम उल्टे सीधे
ले के चल देते हैं दो चार दम उल्टे सीधे

इस जनम में भी वही हैं क़दम उल्टे सीधे
लेने होंगे अभी कितने जनम उल्टे सीधे

ले के चल देते हैं साँसें युँही उल्टी सीधी
यूँही आ जाते हैं दुनिया में हम उल्टे सीधे

वस्ल में होंगे हमें ऐ'श जो ऊबड़-खाबड़
हिज्र भी ढाएगा हमपर सितम उल्टे सीधे

हों जो मा'शूक़ चरस-चेहरा तो आ'शिक़ आँखें
दूर से ख़ूब लगाती हैं दम उल्टे सीधे

उँगलियाँ भी तो हमारी हैं बहुत ऊल-जुलूल
उसकी ज़ुल्फ़ों में जो पड़ते हैं ख़म[1] उल्टे सीधे

1 पेंच, टेढ़ा पन

कौन किस फ़ौज का है कौन करे किस पर वार
ले के निकले हैं सिपाही अ'लम[1] उलटे सीधे

1 झंडा

कभी सीधी ही न होगी मिरी क़िस्मत की लकीर
वो चलाते ही रहेंगे क़लम उल्टे सीधे

आड़े-तिरछे हैं ये सज्दे तो हमारा क्या दोष
हैं ख़ुदा भी तो ख़ुदा की क़सम उल्टे सीधे

ढंग का कुछ है तो उर्दू से बना हिन्दुस्तान
वर्ना सारे हैं अ'रब और अ'जम[1] उल्टे सीधे

1 ईरानी

जैसा ईमान था ये कुफ़्र[1] भी है बे-सर पैर
फ़रहत एहसास ने पाए सनम[2] उल्टे सीधे

1 ख़ुदा से इन्कार 2 मा'शूक़

इक तअ'ल्लुक़ कि न था, उसको निभाया हमने
न उसे याद किया और न भुलाया हमने

रूह ने अपने दुपट्टो से ढका सर अपना
एक दम जिस्म का जल्वा जो दिखाया हमने

ख़ुद मोहब्बत ने ये अश्आ'र लिखाए हैं हमें
एक भी लफ़्ज़ लुग़त[1] का न मिलाया हमने

1 शब्दकोश

दोपहर वस्ल की और उसका वो एहसास-ए-गुनाह[1]
जिस्म की धूप को फिर साया बनाया हमने

1 गुनाह का एहसास

ख़ूँ को आलूदा[1] न होने दिया दौरान-ए-विसाल[2]
कभी पानी न तसव्वुफ़[3] का मिलाया हमने

1 प्रदूषित 2 मिलन के समय 3 अध्यात्म

सुर्ख़ अंगारा ज़मीं और फ़लक[1] नंगे पाँव
फ़रहत एहसास को किस हाल में पाया हमने

1 आस्मान

मेरा जिस्म और जान है प्यारे
ये जो हिन्दोस्तान है प्यारे

उसकी आग़ोश जा-नमाज़[1] मिरी
उसकी आवाज़ अज़ान है प्यारे

1 कपड़ा जिस पर नमाज़ पढ़ी जाती है

अपने ज़ख़्मों को छोड़ कर क्यों जाऊँ
ये मिरा ख़ानदान है प्यारे

इ'श्क़ कर सज्दा क्यों कराता है
तू भी क्या आस्मान है प्यारे

उसके चेहरे को याद कर शब भर
कल तिरा इम्तिहान है प्यारे

उस गली से गुज़र रहा है बदन
जिसमें एक उसकी जान है प्यारे

आग है सिगरटों की होंठों पर
और कल्ले में पान है प्यारे

मेरे बारे में इस क़दर मत बोल
मेरे मुंह भी ज़बान है प्यारे

आस्माँ जैसे ज़ुल्म ढाओगे तुम
क्या ग़ज़ब की उठान है प्यारे

क्या ख़ुदा जैसा हो रहा हूँ मैं
हर तरफ़ ला-मकान[1] है प्यारे

1 जहाँ कुछ न हो

फ़रहत एहसास तू है जिसका बदन
फ़रहतुल्लाह ख़ान है प्यारे

यही मा'शूक़ हैं अपने बदन के चोर सारे
जो आएँ दा'वत-ए-दिल में तो हैं ख़ुश-ख़ोर[1] सारे

1 अच्छे खाने खाने वाले

वहाँ बाशिन्दगान-ए-दश्त[1] क्या क्या रश्क-ए-इन्साँ[2]
यहाँ ये शहर के इन्सान डंगर-ढोर सारे

1 वीराने में रहने वाले 2 इन्सान जिन से ईर्ष्या करे

ज़मीं से बेवफ़ाई ख़ून में घर कर गई है
हम अब भी देखते हैं आस्माँ की ओर सारे

कई रातें हुईं बन्द-ए-बदन[1] खोला था अपना
दमकते हैं अभी तक उँगलियों के पोर सारे

1 बदन के बंधन

ये नज़्मे-वज़्में लिखना बन्द कीजे फ़रहत एहसास
कि शाइ'र हो रहे हैं अब ग़ज़ल की ओर सारे

पूरी तरह से अबके तय्यार हो के निकले
हम चारागर से मिलने बीमार हो के निकले

जादू भरी जगह है बाज़ार तुम न जाना
इक बार हम गए थे बाज़ार हो के निकले

मिट्टी के रास्तों पे उतरे इ'मारतों से
वापस इ'मारतों के आसार[1] हो के निकले

1 अवशेष, लक्षण

अपनी हक़ीक़तों[1] को जंगल बनाया हमने
और फिर कहानियों के किर्दार[2] हो के निकले

1 सच्चाइयों 2 पात्र

आख़िर को ज़िन्दगी के क़दमों में बिछ गए हम
और उसकी ठोकरों से हमवार[1] हो के निकले

1 समतल

मा'शूक़ ने करा दी क्या सुल्ह[1] आ'शिक़ों में
सारे रक़ीब आए और यार हो के निकले

1 समझौता

ये शख़्स फ़रहत एहसास ऐसी बुरी बला[1] है
हम उसके साथ रह कर बेकार हो के निकले

1 आफ़त, मुसीबत

मेरी मिट्टी का नसब[1] बेसर-ओ-सामानी[2] से
काम कुछ इसको हवा से न तलब पानी से

1 वंश 2 कुछ भी पास न हो

मेरे अतराफ़[1] निगाहों की ये दीवार न खींच
और आवारा हुआ जाता हूँ निगरानी[2] से

1 इर्द-गिर्द 2 निरीक्षण

अपने आईने से तोड़ आ के मिरा आईना
अपने आईने को भर कर मिरी हैरानी से

हम जो इक उ'म्र लगा देते हैं पास आने में
कैसे लम्हों में बिछड़ जाते हैं आसानी से

है यही वक़्त कि पत्थर से ख़ुदा पैदा हो
देख अब नूर टपकने लगा पेशानी से

इ'श्क़ को है यही इक सूरत-ए-इज़्हार[1] नसीब
जो भी कहना है कहे चाक-गरेबानी[2] से

1 अभिव्यक्ति का तरीक़ा 2 दीवानगी

शह्र हो जाता है पहले तो जूनून-ए-नाकाम[1]
तोड़ता है फिर उसे संग-ए-बियाबानी[2] से

1 असफल दीवानगी 2 वीराने का पत्थर

फ़रहत एहसास उसी जह्ल[1] से कर फिर से रुजूअ'[2]
तेरे हक़ में यही बेहतर है हमा-दानी[3] से

1 अज्ञानता 2 मिलना, संपर्क करना 3 सब कुछ जानना

ज़मीं ने लफ़्ज़ उगाया नहीं बहुत दिन से
कुछ आस्माँ से भी आया नहीं बहुत दिन से

ये शह्‌र वो है कि कोई ख़ुशी तो क्या देता
किसी ने दिल भी दुखाया नहीं बहुत दिन से

अ'जीब लोग हैं बस रास्तों में मिलते हैं
किसी ने घर ही बुलाया नहीं बहुत दिन से

तुझे भुलाना तो मुम्किन[1] नहीं मगर यूँही
तिरा ख़्याल ही आया नहीं बहुत दिन से

1 संभव

नमाज़ कैसे पढ़ूँ मैं बग़ैर पाक[1] हुए
कि आँसुओं में नहाया नहीं बहुत दिन से

1 पवित्र

हम अपनी मम्लिकत-ए-दर्द[1] में अकेले हैं
हमारी कोई रिआ'या[2] नहीं बहुत दिन से

1 दर्द का राज्य 2 प्रजा

मफ़ाहिमत[1] सी अ'जब हो गई है रात के साथ
चराग़ मैंने जलाया नहीं बहुत दिन से

1 समझौता

इ'श्क़ अबके जो किया है वो है तय्यारी से
मुझको होना है शिफ़ायाब[1] इसी बीमारी से

1 स्वस्थ

ग़ालिब-ए-ख़स्ता[1] को नींद आ गई बेदारी[2] में
मीर ने नींद मिला रक्खी है बेदारी से

1 बेचारा, टूटा हुआ 2 जागना

मेरा आतिश-कदा[1] रौशन है तो फिर क्या ज़न्जीर
ख़ुश न हो शह्र अभी मेरी गिरफ़्तारी से

1 जहाँ आग रखी हो

ख़्वाब में भी मुझे घर आए तो ला'नत[1] मुझपर
मैं तो बस तंग हूँ रस्म-ए-दर-ओ-दीवारी[2] से

1 धिक्कार 2 घर बनाने की रस्म

जो है ना-क़ाबिल-ए-बर्दाश्त[1] उसे बर्दाश्त किया
ये ख़सारा है बहरहाल रवादारी[2] से

1 असहनीय 2 सहनशीलता

फ़रहत एहसास मुबारक हो तुझे बे-हुनरी
मार डाला है मुझे शह्र ने फ़नकारी[1] से

1 कलात्मकता

जिस्म जब महव-ए-सुख़न[1] हों शब-ए-ख़ामोशी[2] से
लफ़्ज़ लौ देते हैं गर्मी-ए-हम-आग़ोशी[3] से

1 बात करने में लीन 2 ख़ामोश रात 3 आलिंगन की गर्मी

सख़्त अहकाम-ए-मोहब्बत[1] हैं कि दौरान-ए-विसाल[2]
लफ़्ज़ आगे न बढ़ें सरहद-ए-सरगोशी[3] से

1 मोहब्बत का आदेश 2 मिलन के दौरान 3 धीमे धीमे बात करने की सीमा

नश्शा चढ़ता है हमें देर में मय-नोशी[1] के बा'द
उसकी गुन्जान ख़मोशी की नवा-नोशी[2] से

1 शराब पीना 2 आवाज़ पीना

देखने हों कभी मा'नी भी तो फिर ख़ाक-ए-विसाल[1]
एक दो लफ़्ज़ जला देती है ख़ामोशी से

1 मिलन की मिट्टी

झाड़ा-पोछा था अभी सुब्ह को ही ख़ाना-ए-याद[1]
शाम तक अट गया फिर गर्द-ए-फ़रामोशी[2] से

1 याद का घर 2 विस्मृति की धूल

शह्र का शोर पहुँचता ही नहीं अब मुझ तक
आ'फ़ियत[1] में हूँ मोहब्बत की गराँ-गोशी[2] से

1 सुकून 2 कम सुनना

आब्ले[1] पाँव के पापोश[2] हुए आख़िर-कार
उ'म्र भर जान बचाई थी जो पापोशी[3] से

1 छाले 2 जूता 3 जूते पहनना

लोग बनवाने लगे वैसे ही ज़ख़्मों के लिबास
तर्ज़-ए-नौ[1] चल गई एहसास की ख़ुश-पोशी[2] से

1 नया तरीक़ा 2 सलीक़े से पोशाक पहनना

आतिश[1]-ए-फ़रहत-ओ-अस्मा[2] ने जलाए दो चराग़
एक बीनिश[3] से जला एक जला योशी[4] से

1 आग 2 जीवन साथी का नाम 3 छोटी बेटी का नाम 4 बड़ी बेटी का नाम

देना है न कुछ मस्जिद को हमें, लेना है न कुछ बुत-ख़ाने से
हम मस्त मलंग सो काम हमें पीने से और पिलाने से

पत्थर के बने हो क्या साहब क्यों सर से सर टकराते हो
टकराओ न दिल का पैमाना[1] मेरे दिल के पैमाने से
1 शराब का पियाला

अब ख़्वाब दिखाना छोड़ो भी ख़्वाबों की हक़ीक़त[1] दिखलाओ
कब तक होगा आख़िर ये सफ़र अफ़्साने[2] तक अफ़्साने से
1 वास्तविक्ता 2 कहानी

वो काम जो बिगड़े हैं उनको बिगड़ा ही रखो तो बेहतर है
काम अच्छे भी न बिगड़ जाऐं बिगड़े कामों को बनाने से

दिल इ'श्क़ से ख़ाली हैं सारे और हुस्न से ख़ाली हैं आँखें
इन नुक़्सानों की फ़िक्र करें जब छूटें कमाने खाने से

कुछ देर है शहर में ये फ़रहत एहसास निवासी जंगल का
कुछ अ'क़्ल की बातें सुननी हों तो सुन लो इस दीवाने से

फ़ुर्सत नहीं ज़रा हमें खाने कमाने से
इक इ'श्क़ मुन्तज़िर है हमारा ज़माने से

एक आँच की कसर है अभी उसके जिस्म में
जलता नहीं है हाथ अभी उसको लगाने से

हम तो तमाम उ'म्र को मौक़ूफ़[1] हो गए
वक़्त-ए-मुक़र्रर[2] पे किसी के न आने से
1 ठहरा हुआ 2 निश्चित समय

बस छोड़िए हम इतने भी पहुँचे हुए नहीं
मा'लूम है कि पाएँगे क्या उसको पाने से

शो'ले भड़कने वाले हैं ज़ुल्फ़ों के कुन्ज[1] में
रुख़्सार-ए-गर्म[2] उठाइए अब मेरे शाने[3] से
1 कोना 2 गर्म गाल 3 कंधे

पूरा हुआ कभी न मिरा ख़्वाब वस्ल का
ता'बीर[1] का ख़याल बहुत आने जाने से
1 छुपाना, ख़्वाब का मतलब

पीते हैं हम शराब तो पीते हैं बस शराब
नश्शा उखड़ने लगता है दुनिया के खाने से

एहसास रात अपनी ही आग़ोश[1] में रहा
इतना तो फ़ाएदा हुआ उसके न आने से
1 आलिंगन

जो हक़ीक़त[1] की तलब रखते हैं अफ़्साने से
कुछ नहीं पाते मोहब्बत के शिफ़ा-ख़ाने[2] से

1 सच 2 चिकित्सालय

कोई दीवाना बने क्यों जो सबब हो मा'लूम
पूछताछ इतनी भी क्यों करते हो दीवाने से

सामने की ये हक़ीक़त भी नहीं देखते लोग
जिस्म बस शक्ल बदल लेते हैं मर जाने से

अपने होंठों का मज़ा कुछ मिरे होंठों पे भी डाल
अपने पैमाने को टकरा मिरे पैमाने से

कोई सूरज मिरे साथ आता है मेरे घर तक
रात पिछले पहर उठता हूँ जो मयख़ाने से

क़त्ल होते हैं मगर मिलता नहीं कोई सुराग़
हाथ क़ातिल ने छुपा रक्खे हैं दस्ताने से

गिल-ए-अल्फ़ाज़[1] की रंगत ही बदल जाती है
फ़रहत एहसास तिरे रंग में आ जाने से

1 शब्दों की मिट्टी

मैदान-ए-मोहब्बत में दौड़ाए गए ऐसे
ता-उ'म्र[1] बदन चीख़े-चिल्लाए गए ऐसे

1 अजीवन

कुछ हमको भी आ'दत है बस नाज़िरा[1] पढ़ने की
कुछ पाठ भी मक्तब[2] में पढ़वाए गए ऐसे

1 सिर्फ़ देख कर पढ़ना 2 पाठशाला

दुनिया को तो फिर हमने दोज़ख़[1] ही बना डाला
जन्नत से जो ज़िल्लत[2] से फेंकवाए गए ऐसे

1 नर्क 2 रुस्वाई

फूटेंगे मरज़[1] बन कर इतना भी नहीं सोचा
खाने जो मिले हमको बस खाए गए ऐसे

1 रोग

इक सम्त[1] थीं सब रूहें इक सम्त बदन सारे
रूहों से बदन सारे नुचवाए गए ऐसे

1 ओर

ये बाग़ ज़िन्दा रहे ये बहार ज़िन्दा रहे
मैं मर भी जाऊँ तो क्या मेरा यार ज़िन्दा रहे

क़दीम[1] रास्ते रुपोश[2] होते जाते हैं
सो तेरा कूचा तिरी रहगुज़ार ज़िन्दा रहे

1 प्राचीन 2 छुपना

हमेशा साज़ बजाती रहे युँही तिरी ज़ुल्फ़
और उसके साज़ का एक एक तार ज़िन्दा रहे

ये ख़ाक-ए-ज़िन्दा[1] इन्ही आँसुओं के दम से है
हर एक दीदा-ए-आँसू-शिआ'र[2] ज़िन्दा रहे

1 ताज़ा और नम मिट्टी 2 रोने का स्वभाव रखने वाली आँख

फ़रार रूह हुई सारा नक़्द-ए-जाँ[1] ले कर
हम अपने जिस्म से ले कर उधार ज़िन्दा रहे

1 जान की पूँजी

मैं तेरे घर युँही बे-क़ैद[1] आता जाता रहूँ
तिरी नज़र में मिरा ए'तिबार ज़िन्दा रहे

1 बे-रोक-टोक

हज़ार शुक्रिया एहसास जी उन आँखों का
हम उनके तीर का हो कर शिकार ज़िन्दा रहे

ता-उ'म्र[1] मुन्तज़िर[2] किसी इल्हाम[3] के रहे
काफ़िर ही हो सके न हम इस्लाम के रहे

1 आजीवन 2 प्रतीक्षारत 3 देववाणी

अपनी तो इब्तिदा1 ही हुई इख़्तिताम[1] से
मुझपर बड़े करम मिरे अन्जाम के रहे

1 शुरूआ'त 2 अंत

इक शाम एक डूबते सूरज के साथ पी
फिर उ'म्र भर नशे में इसी काम के रहे

ताक़त हमारी सारी मोहब्बत ने खींच ली
अच्छा हुआ कि फिर न किसी काम के रहे

ख़त बहुत उसके पढ़े हैं कभी देखा नहीं है
क्या मिरे पर्दा-नशीं[1] का कोई चेहरा नहीं है

1 पर्दे में रहने वाला

शह्र इतना भी न कर जुल्म कि ज़िद पर आ जाऊँ
मेरा सहरा से तअ'ल्लुक़[1] अभी टूटा नहीं है

1 संबंध

क्या दिखाता है मिरे नाम पे आईना-ए-शह्र
मुद्दतों से मिरा अपना कोई चेहरा नहीं है

जिस्म की प्यास को हूरों की बशारत[1] पे न टाल
ये हमारा दिल-ए-सादा[2] कोई बच्चा नहीं है

1 ख़ुश-ख़बरी, अच्छी ख़बर देना 2 भोला भाला दिल

कुछ नहीं तिश्नगी-ए-दीदा-ए-बीना[1] का इ'लाज
ख़्वाब तक में भी कोई सूरत-ए-दरिया[2] नहीं है

1 देखने वाली आँखों की प्यास 2 दरिया की शक्ल

अब मिरी मौत की साज़िश में हैं मुर्दे सारे
इक सिवा मेरे कोई शह्र में ज़िन्दा नहीं है

फ़रहत एहसास नया चाहिए उसको हर रात
मगर अफ़्सोस कि उस-सा कोई पैदा नहीं है

दिनी हैं सब कोई राती नहीं है
अँधेरों का कोई साथी नहीं है

तो क्या बे-ख़्वाब ही रह जाऊँगा मैं
मुझे तो नींद ही आती नहीं है

कि हर बीमार उन आँखों से दवा पाए
शिफ़ा-ख़ाना[1] ये ख़ैराती नहीं है

1 चिकित्सालय

लगा है कितना सर्माया[1] ज़बाँ का
ये कार-ए-शाइ'री[2] ज़ाती[3] नहीं है

1 पूँजी 2 शाइ'री का काम 3 निजी

तराशी जा चुकी उम्मीद की लौ
दिया जलता हुआ बाती नहीं है

सदा जाती तो है उसकी गली में
वहाँ से ले के कुछ आती नहीं है

लगे हैं सारे साज़िन्दे[1] बदन के
मगर ये रूह नग़माती नहीं है

1 साज़ बजाने वाले

रहेगा बे-बदन ही फ़रहत एहसास
हवा पर कोई देह आती नहीं है

मिरे शे'रों में फ़नकारी नहीं है
कि मुझमें इतनी हुश्यारी नहीं है

दवा-ए-मौत क्यों लेते हो इतनी
अगर जीने की बीमारी नहीं है

बदन फिर से उगा लेगी ये मिट्टी
कि मैंने जाँ अभी हारी नहीं है

मोहब्बत है ही इतनी साफ़-ओ-सादा
ये मेरी सह्ल-अंगारी[1] नहीं है

1 सुविधानुसार काम करना

इसे बच्चों के हाथों से उठाओ
ये दुनिया इस क़दर भारी नहीं है

मैं इस पत्थर से टकराता हूँ बेकार
ज़रा भी इसमें चिंगारी नहीं है

न क्यों सज्दा करे अपने बुतों का
ये सर मस्जिद का दरबारी नहीं है

गया ये कह के मुझसे इ'श्क़ का रोग
कि तुझको शौक़-ए-बीमारी नहीं है

हमारा इ'श्क़ करना जिस्म के साथ
इ'बादत[1] है गुनहगारी नहीं है

1 साधना

बराह-ए-जिस्म[1] है सारा तसव्वुफ़[2]
बदन सूफ़ी है ब्रह्मचारी नहीं है

1 जिस्म के रास्ते से 2 अध्यात्म

ये कोई और होगा फ़रहत एहसास
नहीं ये भी तिरी बारी नहीं है

ये कायनात[1] तमाम अब मिरी गिरफ़्त[2] में है
ख़ुदा समेत यहाँ सब मिरी गिरफ़्त में है
1 सृष्टि 2 पकड़

गिरफ़्त ढीली करूँ मैं तो सब बिखरने लगे
ये इन्तिशार[1] मुरत्तब[2] मिरी गिरफ़्त में है
1 बिखराव 2 इकट्ठा, व्यवस्थित

तभी तो दी है खुली छूट अपने मा'नी को
कि मेरी बात का मत्लब मिरी गिरफ़्त में है

जो उससे कहता हूँ कहता है वो ख़ुदा से वही
फ़रिश्ता सबसे मुक़र्रब[1] मिरी गिरफ़्त में है
1 नज़्दीकी

मिरी गिरफ़्त में है उसका जुज़्व-ओ-कुल[1] सारा
वो मुफ़्रद[2] और मुरक्कब[3] मिरी गिरफ़्त में है
1 अंश और पूर्ण 2 अकेला 3 समूह में

तो जाओ दश्त को फिर से हरा करो एहसास
जो आदमी था मोहज़्ज़ब[1] मिरी गिरफ़्त में है
1 सभ्य

मोहब्बत का मयख़ाना[1] बस्ती में है
तो हर शख़्स हर काम मस्ती में है

1 शराब-ख़ाना

न सूझेगी फ़िर्क़ा-परस्ती[1] उसे
जो डूबा हुआ मय-परस्ती[2] में है

1 सांप्रदायिकता 2 शराब पीना

फ़क़ीर-ए-मोहब्बत नहीं तंग-दिल[1]
अगरचे ज़रा तंग-दस्ती[2] में है

1 छोटे दिल वाला 2 पैसे का अभाव

न मस्जिद न मंदिर सभी बन्द हैं
खुला सिर्फ़ मय-ख़ाना मस्ती में है

ज़मीं पर है सर, ऊपर उट्ठे हैं पाँव
तरक़्क़ी की बुनियाद पस्ती में है

चलो सीख लो उससे जीने के गुर
अभी फ़रहत अहसास मस्ती में है

चाँद भी हैरान दरिया भी परेशानी में है
अ'क्स[1] किसका है कि इतनी रौशनी पानी में है

1 प्रतिबिंब

ग़ौर से देखो तो हर चेहरे की बेनूरी[1] का राज़
हुक्मरान[2]-ए-वक़्त के चेहरे की ताबानी[3] में है

1 बुझा हुआ, रौशनी के बिना 2 शासक 3 चमक

मिस्रा-ए'-ऊला[1] में ज़ाए'[2] हो रहे हो देर से
शे'र की लज़्ज़त तो प्यारे मिस्रा-ए'-सानी[3] में है

1 शे'र की पहली पंक्ति 2 व्यर्थ 3 शे'र की दूसरी पंक्ति

जिस्म की महफ़िल में आ कर जश्न-ए-रुहानी[1] करो
कितना सन्नाटा तुम्हारी बज़्म-ए-रूहानी[2] में है

1 आध्यात्मिक जश्न 2 आध्यात्मिक महफ़िल

सबको जिस मौत ने औक़ात[1] पे रक्खा हुआ है
हमने उस शोख़ को ख़िदमात[2] पे रक्खा हुआ है

1 अपनी हैसियत 2 सेवा

मुझको क्या इ'ल्म[1] वो क्या पूछ ले सो हाल मिरा
उसके आइन्दा सवालात पे रक्खा हुआ है

1 ज्ञान

तुम इसे इ'श्क़ समझते हो कि जिसका इम्कान[1]
आते जाते हुए जज़्बात पे रक्खा हुआ है

1 संभावना

बैअ'त-ए-वस्ल[1] है या हिज्र की मोह्र-ए-तस्दीक़[2]
हाथ उसका जो मिरे हात पे रक्खा हुआ है

1 मिलन का विश्वास दिलाना 2 सत्यापन की मोह्र

कायनात इतना बड़ा बोझ अगर है तो ये बोझ
इसलिए है कि मिरी ज़ात[1] पे रक्खा हुआ है

1 अस्तित्व

अब तो ज़ाहिर है मिरी सुब्ह का अन्जाम कि जब
फ़ैस्ला उसका मिरी रात पे रक्खा हुआ है

एक मिस्रा' है मिरा मेरे लरज़ते लब पर
दूसरा मिस्रा' तिरी बात पे रक्खा हुआ है

फ़रहत एहसास दुआ' कर मिरी पैदाइश की
वो हमल[1] हूँ कि जो इस्क़ात[2] पे रक्खा हुआ है

1 गर्भ 2 गर्भपात

उसकी याद इस बार इक तल्वार बन कर आई है
बूँद पानी की लहू की धार बन कर आई है

कल भी आई थी मोहब्बत में जुनूँ की शक्ल में
अबके तन्हाई मिरा घर-बार बन कर आई है

कल जो तेरा नाम ले कर दर-ब-दर[1] फिरने में थी
फिर वही वहशत[2] दर-ओ-दीवार बन कर आई है

1 द्वार-द्वार 2 जुनून, दीवानापन

कौन-सी ऐसी फ़ज़ा है वो मिरे दिल के सिवा
तू कहाँ से इस क़दर गुल्ज़ार बन कर आई है

वो फ़क़ीरी सब्र-ओ-इस्तिग़ना[1] की सूरत आई थी
ये फ़क़ीरी दिरहम-ओ-दीनार[2] बन कर आई है

1 संतोष 2 धन-दौलत

फिर वही मौसम-ए-जुदाई[1] है
फिर मुझे अपनी याद आई है

1 जुदाई का मौसम

फिर पढ़ा मैंने तेरा पहला ख़त
फिर से तुझ तक मिरी रसाई[1] है

1 पहुँचना

फूल-सा फिर महक रहा हूँ मैं
फिर हथेली में वो कलाई है

पहले बोसे की नीम-गर्म[1] आहट
फिर रग-ए-जाँ[2] में रत-जगाई है

1 आधा गर्म 2 जीवन का संचार करने वाली नसें

फिर मिरा है तमाम सन्नाटा
फिर मिरी बाज़गश्त[1] छाई है

1 गूँज

फिर ज़माना मिरी गिरफ़्त[1] में है
फिर मुझे वह्म-ए-किब्रियाई[2] है

1 पकड़ 2 ख़ुदा होने का भ्रम

फिर तुझे छू के देखता हूँ मैं
फिर से क़िन्दील[1]-सी जलाई है

1 मशा'ल

फिर तसव्वुर[1] में तेरे लब[2] आए
मेरी हर बात फिर हिनाई[3] है

1 कल्पना 2 होंठ 3 मेंहदी से सजी

फिर वही मैं नया-नया सा हूँ
फिर जमीं से मिरी रिहाई है

अब दिल की तरफ़ दर्द की यल्गार[1] बहुत है
दुनिया मिरे ज़ख़्मों की तलबगार[2] बहुत है
1 आक्रमण 2 इच्छुक

अब टूट रहा है मिरी हस्ती[1] का तसव्वुर[2]
इस वक़्त मुझे तुझसे सरोकार[3] बहुत है
1 अस्तित्व 2 कल्पना 3 लगाव

मिट्टी की ये दीवार कहीं टूट न जाए
रोको कि मिरे ख़ून की रफ़्तार बहुत है

हर साँस उखड़ जाने की कोशिश में परेशाँ
सीने में कोई है जो गिरफ़्तार बहुत है

पानी से उलझते हुए इन्सान का ये शोर
उस पार भी होगा मगर इस पार बहुत है

वो है कम-कम याद उसका घर ज़ियादा याद है
अब न जाने क्यों वो पस-मन्ज़र[1] ज़ियादा याद है

1 पृष्ठभूमि

ये तो चुप रहती थी लेकिन चीख़ने लगता था वो
याद है दीवार लेकिन दर ज़ियादा याद है

उसके आगे लग गई तन्हा सफ़र करने की शर्त
इसलिए वो मील का पत्थर ज़ियादा याद है

जिस पे आँखों का तआ'रुफ़[1] हो गया इक ख़्वाब से
अब वो चेहरा सूरत-ए-बिस्तर[2] ज़ियादा याद है

1 परिचय 2 बिस्तर की तरह

पहले पहले फूल का शाख़ों पे आना याद है
बाग़ में वो पहले बोसे[1] का ज़माना याद है

1 चुंबन

सारी दुनिया की सियाही और दो पुर-नूर[1] दिल
दो दिलों का रात भर शम्एँ[2] जलाना याद है

1 आलोकित 2 दिया, चराग़

जिस क़दर था तेरे होने से ख़ुदा से भी न था
वो मिरी तन्हाइयों का आब-ओ-दाना[1] याद है

1 अन्न-जल

याद आती है वो इस्बात-ओ-नफ़ी[1] की कशमकश[2]
कशमकश में आँसुओं का राह पाना याद है

1 हाँ और नहीं 2 असमंजस

बातों बातों में कहीं आगे निकल जाना बहुत
अपने जिस्मों को भी पीछे छोड़ जाना याद है

मुझको अपनी आरज़ू[1] में ख़ाक[2] कर देने के बा'द
फिर से मेरी ख़ाक से मुझको उठाना याद है

1 इ'श्क़, चाहत 2 मिट्टी

एक दिन आना तिरी कश्ती का ले जाना तुझे
और मुझको साहिलों पर छोड़ जाना याद है

रूह को तो इक ज़रा सी रौशनी दरकार[1] है
जिस्म को लेकिन बहुत कुछ और भी दरकार है
1 ज़रूरत

आज फिर हमसे किया दरियाफ़्त[1] कोह-ए-तूर[2] ने
उससे क्या कहते कि नूर-ए-गुमरही[3] दरकार है
1 मा'लूम 2 एक पहाड़ी जहाँ पैग़म्बर मूसा ने ख़ुदा से बात की थी 3 भटकाने वाली रौशनी

बा'द में इ'श्क़-ए-हक़ीक़ी[1] भी मयस्सर[2] हो तो क्या
ये मजाज़ी[3] तो हमें फ़ौरन अभी दरकार है
1 सच्चा इ'श्क़ (जो ख़ुदा से हो) 2 उपलब्ध 3 जिस्मानी

इ'श्क़ इस ख़्वाहिश पे मेरी सोच में गुम हो गया
मुझको पानी भी है दरकार आग भी दरकार है

फ़रहत एहसास अपनी मिट्टी का धड़कता दिल सँभाल
बा'द मरने के जो तुझको ज़िन्दगी दरकार है

ब-ज़ाहिर तो बदन भर का इलाक़ा घेर रक्खा है
मगर अन्दर से हमने शह्र सारा घेर रक्खा है

मैं पस्पा[1] फ़ौज-ए-दिल का आख़िरी ज़ख़्मी सिपाही हूँ
मगर इक उ'म्र से दुश्मन को तन्हा घेर रक्खा है

1 हारा हुआ

कभी इस रौशनी की क़ैद से बाहर भी निकलो तुम
हुजूम-ए-हुस्न[1] ने सारा सरापा[2] घेर रक्खा है

1 हुस्न की भीड़, बहुत ज़ियादा हुस्न 2 सर से पैर तक शरीर

मुसीबत में पड़ा है इन दिनों मेरा दिल-ए-वहशी[1]
समझ कर शह्र वालों ने दरिन्दा घेर रक्खा है

1 पागल दिल

मोहब्बत का ख़ुदा हूँ मैं मगर ऐसा ख़ुदा जिसने
बड़ी मुश्किल से अपना एक बन्दा घेर रक्खा है

बहुत पहले कभी पैदा हुए और मर गए थे हम
इसी माज़ी[1] ने मुस्तक़्बिल[2] हमारा घेर रक्खा है

1 अतीत 2 भविष्य

कोई ईमान वाला अह्ल-ए-मस्जिद[1] से कहे जा कर
ख़ुदा को क्यों उन्होंने काफ़िराना[2] घेर रक्खा है

1 मस्जिद वाले 2 अधर्मियों की तरह

चलो हम फ़रहत एहसास अपना मस्जिद से छुड़ा लाएं
ख़ुदा वालों ने इक काफ़िर हमारा घेर रक्खा है

दिन ने इतना जो मरीज़ाना[1] बना रक्खा है
रात को हमने शिफ़ाख़ाना[2] बना रक्खा है

1 बीमार जैसा 2 चिकित्सालय

इन्तिक़ाम[1] ऐसा लिया है मिरी तन्हाई ने
शह्र का शह्र बियाबाना[2] बना रक्खा है

1 बदला 2 वीराने जैसा

ख़ाक का ख़ाना[1] ग़रीबाना[2] बदन है कि जिसे
रौनक़-ए-इ'श्क़ ने शाहाना[3] बना रक्खा है

1 घर 2 ग़रीब जैसा 3 बादशाह जैसा

हमको मा'लूम है ख़ूब अपनी हक़ीक़त सो उसे
इसी उ'न्वान का अफ़्साना बना रक्खा है

मुब्तज़िल[1] होने का आप अपना मज़ा है वर्ना
हमने भी ख़ुद को हकीमाना[2] बना रक्खा है

1 घटिया 2 अ'क़्लमन्दों जैसा

आदमी हो कि ख़ुदा सबका बराबर है वज़्न
इ'श्क़ ने एक ही पैमाना बना रक्खा है

चाक[1] कर कर के हुए तंग तो दीवानों ने
चाक को अबके गरेबाना[2] बना रक्खा है

1 फ़ाड़ना, फटा होना 2 गरेबान जैसा

फ़रहतुल्लाह है वो अ'क़्ल का पुतला जिसने
फ़रहत एहसास को दीवाना बना रक्खा है

छोड़ो रोने-धोने में क्या रक्खा है
बाहर देखो मौसम कितना अच्छा है

बाहर जा कर तन्हाई भी कम होगी
अन्दाज़ा हो जाएगा ग़म कितना है

उसकी तस्वीरें नज़र-ए-आतिश[1] कर दो
फिर देखो हर शय में उसका चेहरा है

1 आग के हवाले

दुनिया की कुछ सुध-बुध भी ले कर देखो
रोज़-ओ-शब[1] ये हंगामा क्या रहता है

1 दिन रात

अच्छा सच-मुच बतलाओ फ़रहत एहसास
तुमने अपनी महबूबा को देखा है

मेह्‌रबाँ मौत ने मरतों को जिला रक्खा है
वर्ना जीने में यहाँ ख़ाक मज़ा रक्खा है

रुख़[1]-ए-दुनिया पे रुख़-ए-यार[2] लगा रक्खा है
मत्न3 पर हमने भी क्या मत्न चढ़ा रक्खा है
1 चेहरा 2 मा'शूक़ का चेहरा 3 पाठ

अन्दर अन्दर मैं बहुत कुछ हूँ मगर इससे क्या
मेरे बाहर तो मुझे सबने मिटा रक्खा है

किसी मौसम में भी खिलता नहीं अब दिल मेरा
मेरा ये फूल तह-ए-पा-ए-हवा[1] रक्खा है
1 हवा के पाँव के नीचे

जम्अ' कर रक्खे हैं सारे ख़स-ओ-ख़ाशाक-ए-वजूद[1]
और ख़ुद को ही अँधेरे में जला रक्खा है
1 अस्तित्व की घास-फूस

फ़त्ह-ए-मक्का[1] हमें अब चाहिए आप अपने ख़िलाफ़
ख़ाना-ए-का'बा-ए-हस्ती[2] में ये क्या रक्खा है
1 मक्का पर मुसलमानों की जीत 2 अस्तित्व का का'बा

उससे मिलने के लिए जाए तो क्या जाए कोई
उसने दरवाज़े पे आईना लगा रक्खा है

फ़रहत एहसास को इस तर्ह मिटाना है मुहाल[1]
फ़रहत एहसास कहीं और बना रक्खा है
1 कठिन

बदन और रूह में झगड़ा पड़ा है
कि हिस्सा इ'श्क़ में किसका बड़ा है

हुजूम-ए-गिर्या[1] से हूँ दर-ब-दर[2] मैं
कि घर में सर तलक पानी खड़ा है
1 बहुत ज़ियादा रोना 2 द्वार-द्वार भटकना

बुलाती है मुझे दीवार-ए-दुनिया
जहाँ हर जिस्म ईंटों सा जड़ा है

झिंझोड़ा है अभी किस ज़लज़ले ने
ज़मीं से ज़िन्दगी सा क्या झड़ा है

फ़क़त आँखें ही आँखें रह गई हैं
कि सारा शह्‌र मिट्टी में गड़ा है

तुम्हारा अ'क्स[1] है या अ'क्स-ए-दुनिया
तज़ब्ज़ुब[2] सा कुछ आँखों में पड़ा है
1 प्रतिबिंब 2 दुविधा

मैं दरिया जाँ बचाता फिर रहा हूँ
कोई साहिल मिरे पीछे पड़ा है

ज़रा सी शर्म भी कर फ़रहत एहसास
बदन तेरा अ'जब चिकना घड़ा है

दो आँखों के बीच में चेहरा क्यों आता है
उसको देखते वक़्त ये पर्दा क्यों आता है

उसका बदन छूने को होता हूँ मैं जब भी
रूह की जानिब[1] से दस्ताना क्यों आता है

1 ओर

उससे बिछड़ के रोना है मा'मूल[1] का रोना
लेकिन मुझको इतना ज़ियादा क्यों आता है

1 अक्सर होने वाला

ये उसके दर और मेरे सर की हैं बातें
दख़्ल-अन्दाज़ी[1] करने ये सज्दा क्यों आता है

1 हस्तक्षेप

अह्ल-ए-इस्लाम[1] उस बुत को देखें तो समझें
'मीर' की पेशानी पर क़श्क़ा[2] क्यों आता है

1 मुसलमान 2 तिलक

आप ख़ुदा हैं तो फिर ये भी जानते होंगे
आप से मिलने आपका बन्दा क्यों आता है

हाल[1] हमेशा माज़ी[2] की परछाईं क्यों है
और हर मुस्तक़्बिल[3] आइन्दा क्यों आता है

1 वर्तमान 2 अतीत 3 भविष्य

बोलते बोलते चुप्पी सी क्यों लग जाती है
हँसते हँसते ये रोना सा क्यों आता है

ये फ़रहत एहसास भयानक चीज़ है कोई
हर बार अपनी क़ब्र से ज़िन्दा क्यों आता है

दश्त-ए-सुख़न[1] में फ़रहत एहसासाना आता है
मैं रुख़्सत होता हूँ अब दीवाना आता है

1 शाइ'री का वीराना

उसको मेरे दश्त में आने की फ़ुर्सत कब है
मिस्ल-ए-ग़ज़ाल[1] बस आँखों को दौड़ाना आता है

1 हिरन की तरह

सारी हक़ीक़त अपने आप बदलने लगती है
जब भी हक़ीक़त में ज़ोर-ए-अफ़्साना[1] आता है

1 अफ़्साने का ज़ोर

इ'श्क़ में ज़िन्दा रहना कब सीखेंगे आ'शिक़ लोग
इन बद-बख़्तों[1] को तो बस मर जाना आता है

1 अभागों

दोनों में क्या बातें होती हैं मा'लूम नहीं
अक्सर बस्ती से मिलने वीराना आता है

दिल के परख़चे[1] उड़ जाते हैं फट जाता है दिमाग़
वो जब भी आता है मजनूनाना[2] आता है

1 पुर्जे 2 पागलों की तरह

वो जितनी भी उलझी उलझी ज़ुल्फ़ें ले कर आए
मुझको भी अब ज़ुल्फ़ों को सुलझाना आता है

आओ चलो जल्दी से मय-ख़ाने में छुप जाएँ
वो देखो इस जानिब इक मौलाना आता है

मेरी नमाज़ें मस्जिद से पहले हो जाती हैं
मस्जिद से पहले उसका बुतख़ाना आता है

जाओ फ़रोख़्त[1] नहीं करना ये ज़ख़्मों का गुल्ज़ार
रोज़ ख़िज़ाँ[2] की जानिब से बैआ'ना[3] आता है

1 बेचना 2 पतझड़ 3 ख़रीद से पहले दी जाने वाली रक़म

मक्तब-ए-अ'क़्ल[1] मुक़फ़्फ़ल[2] रहता है कुछ दिन हर साल
रक़्स-ए-जुनून-ए-इ'श्क़[3] यहाँ सालाना आता है

1 बुद्धि की पाठशाला 2 ताला लगा होना 3 इ'श्क़ की दीवानगी का नाच

ऐसी आग में कितनी देर के हम ख़ाशाक-ए-जिस्म[1]
उसका जिस्म तो जैसे आतिश-ख़ाना[2] आता है

1 घास-फूस जैसा बदन 2 आग के घर की तरह

उड़ने लगता है सारे दरियाओं का पानी
मेरी ज़मीनों में जब भी वो दाना आता है

आँखों में ख़्वाबों का ऐसा चक्कर चलने लगता है
मेरे बिस्तर पर आते ही बिस्तर चलने लगता है

किसी को भूखा देख के याद आती है किसी को अपनी भूख
और कहीं नज़दीक ही कोई लंगर चलने लगता है

रूह के सारे अधूरे काम बदन को करने पड़ते हैं
दफ़्तर-ए-इ'श्क़ अक्सर अन्दर से बाहर चलने लगता है

पत्थर से इन्सान बना ख़ुद मैं तो मुझको यक़ीं आया
कोई मोहब्बत से छू ले तो पत्थर चलने लगता है

सूरज है इक सर्माया-दार[1] उसके निकलते ही घर से
पीछे पीछे सायों का इक लश्कर[2] चलने लगता है

1 पूंजीपति 2 फ़ौज, सेना

ऐ'श में अक्सर बेक़ाबू हो जाती है ख़ूँ की रफ़्तार
दर्द का कोड़ा लगते ही दिल बेहतर चलने लगता है

ये फ़रहत एहसास भी कैसी बिगड़ी घड़ी है होने की
अक्सर बन्द पड़ा रहता है अक्सर चलने लगता है

हमें जब अपना तआ'रुफ़[1] कराना पड़ता है
न जाने कितने दुखों को दबाना पड़ता है

1 परिचय

बहुत से हँसते हुओं को लगा के रोने पर
बहुत से रोते हुओं को हँसाना पड़ता है

किसी को नींद न आती हो रौशनी में अगर
तो ख़ुद चराग़-ए-मोहब्बत बुझाना पड़ता है

किसी के क़ुर्ब[1] की ख़्वाहिश में यूँ भी होता है
कि उ'म्र भर के लिए दूर जाना पड़ता है

1 निकटता

ग़ज़ाल-ए-हुस्न[1] को घर चाहिए पर इसके लिए
ख़ुद अपने आपको सहरा बनाना पड़ता है

1 सुन्दरता का हिरण

तुम इस तरफ़ से जो गुज़रो तो इतना याद रहे
कि इस नवाह[1] में हम-सा दिवाना पड़ता है

1 क्षेत्र

अब आ रहा हो कोई जिस्म इस तसव्वुफ़[1] से
तो हमको हल्क़ा-ए-बैअ'त[2] बढ़ाना पड़ता है

1 अध्यात्म 2 पीर के समीप आने की परंपरा

ख़ुदा है क़ादिर-ए-मुत्लक़[1] ये बात खुलती है तब
जब उससे काम कोई काफ़िराना पड़ता है

1 सर्व शक्तिमान

बहुत ज़ियादा हैं ख़तरे बदन की महफ़िल में
पर अपनी एक ही महफ़िल है, जाना पड़ता है

हमारे पास यही शाइ'री का सिक्का है
उलट-पलट के इसी को चलाना पड़ता है

बहुत ज़ियादा ख़ुशी से वफ़ात[1] पा गया हो
तो ऐसे दिल को दुखा कर जिलाना पड़ता है

1 देहांत

अ'जीब तर्ज़-ए-तग़ज़्ज़ुल[1] है ये मियाँ एहसास
कि जिस्म-ओ-रूह को इक साथ गाना पड़ता है

1 ग़ज़ल कहने का ढंग

न आहों से कराहों से न फ़रियादों से डरता है
ज़माना सिर्फ़ हम घर-फूँक बर्बादों से डरता है

कोई मज़हब कोई मन्सब[1], किसी से भी नहीं डरता
बस अपने मज्नुओं से और फ़रहादों से डरता है

1 पद

हमारा दिल शहन्शाह-ए-मोहब्बत[1] नाम का है बस
कि वो बिगड़े हुए जज़्बों के शहज़ादों से डरता है

1 प्रेम का राजा

ख़ुद अपना सामना करने से मुझको ख़ौफ़ आता है
कि जैसे कोई बच्चा सख़्त उस्तादों से डरता है

जो नादिर शाह के हाथों लुटी दिल्ली से वाक़िफ़[1] है
वो उजड़े काबुलों[2] से और बग़दादों[3] से डरता है

1 परिचित 2,3 शहरों के नाम

उसको है इ'श्क़ बताना भी नहीं चाहता है
और ये बात छुपाना भी नहीं चाहता है

सोचता रहता है दिन भर कि मिरी रात में आए
अपना दिन, रात बनाना भी नहीं चाहता है

सूरत-ए-शे'र[1] वो करता भी है इज़्हार[2] अपना
पर्दा-ए-शे'र[3] उठाना भी नहीं चाहता है

1 शे'र की तरह, 2 अभिव्यक्ति 3 शे'र का पर्दा

साए को जुस्तजू-ए-जिस्म[1] बहुत है फिर भी
पहलू-ए-जिस्म[2] में आना भी नहीं चाहता है

1 बदन की तलाश 2 बगल में, क़रीब

ऐसा लगता है कि वो पा भी चुका है मुझको
जो ब-ज़ाहिर मुझे पाना भी नहीं चाहता है

फ़रहत एहसास को है सारी हक़ीक़त मा'लूम
महफ़िल-ए-वहम[1] से जाना भी नहीं चाहता है

1 भ्रम की महफ़िल

मिट्टी ही बाक़ी बचती है और न पानी रह जाता है
आदमी चलते-चलते सिर्फ़ इक याद-ए-रवानी[1] रह जाता है

1 बहाव की याद

कोई क़लन्दर[1] है उतना ही जितने लिबास उतारे जिसने
दरवेशी[2] चल देती है ज़िक्र-ए-उ'र्यानी[3] रह जाता है

1 मस्त, फ़क़ीर 2 फ़क़ीरी 3 निर्वस्त्रता की चर्चा

जो आता है उससे निकाल के चल देता है अपना मत्लब
लफ़्ज़ यूँही अपनी तन्हाई में बे-मा'नी[1] रह जाता है

1 अर्थहीन

आँखें फटी की फटी रह जाती हैं क्या देखती हैं वो ख़ुद में
और चेहरा फ़क़[1] हो कर इक ज़ख़्म-ए-हैरानी[2] रह जाता है

1 घबराहट से रंग उड़ना 2 आश्चर्य का घाव

खाना खाते-खाते रुख़स्त[1] हो जाते हैं खाने वाले
दस्तरख़्वान[2] पे सारा उनका दाना-पानी रह जाता है

1 विदाई, चले जाना 2 भोजन करने की मेज़ का कपड़ा

सारे मजनूँ धूम मचाते हैं जो हक़ीक़त के जंगल में
सारा हंगामा बस इक ख़ामोश कहानी रह जाता है

तुम फ़रहत एहसास उसे चाहे जितने भी ख़त लिख डालो
बाक़ी रहने वाला सारा इ'श्क़ ज़बानी[1] रह जाता है

1 मौखिक

सब मिरा आब-ए-रवाँ[1] किसके इशारों पे बहा जाता है
और इक शह्र मिरे दोनों किनारों पे बसा जाता है

1 बहता पानी

गर्द दुनिया की दर[1] आती है मिरे उसके लबों बीच अक्सर
और इस ज़ाइक़ा-ए-ग़ैर[2] से सब मेरा मज़ा जाता है

1 अन्दर आना 2 अजनबी ज़ाइक़ा

अह्ल-ए-ईमाँ[1] उधर आराइश-ए-मस्जिद[2] में लगे हैं और इधर
अपना सामान उठाए हुए मस्जिद से ख़ुदा जाता है

1 ईमान वाले 2 मस्जिद की सजावट

कोई मुझ जैसा ही रोज़ आता है आँखों में लिए सब्ज़ा-ए-दश्त[1]
इक हरा ख़त दर-ओ-दीवार को देता है चला जाता है

1 वीराने की हरियाली

चलती है आइने में कितने ज़मानों की हवा-ए-हैरत[1]
एक रंग आता है चेहरे पे तो इक रंग उड़ा जाता है

1 हैरत भरी हवा

मेरी इक उ'म्र और इक अ'ह्द[1] की तारीख़[2] रक़म[3] है जिस पर
कैसे रोकूँ कि वो आँसू मिरी आँखों से गिरा जाता है

1 युग 2 इतिहास 3 लिखा होना

फ़रहत एहसास ने देखा है फ़लक[1] पर कहीं इक ख़ित्ता-ए-ख़्वाब[2]
बेच डाली है तमाम अर्ज़-ए-बदन[3] उसने सुना जाता है

1 आस्मान 2 ख़्वाब का इ'लाक़ा 3 जिस्म की ज़मीन

कभी ख़ुदा कभी इन्सान रोक लेता है
मैं जब भी जाता हूँ दरबान[1] रोक लेता है

1 द्वारवाला

बग़ैर चाक किए घर से मैं अगर निकलूँ
तो मुझको मेरा गरेबान[1] रोक लेता है

1 गर्दन पर आने वाला कपड़े का हिस्सा

मैं जब भी जिस्म से इज़्न-ए-विदाअ'[1] माँगता हूँ
वो कह के मुझको मिरी जान, रोक लेता है

1 जाने का हुक्म

बस एक जस्त[1] में दुनिया के पार उतर जाऊँ
मगर मुझे मिरा सामान रोक लेता है

1 छलाँग

बहाना चाहिए मुझको भी कोई रुकने का
सो वो ब-हीला-ए-आसान[1] रोक लेता है

1 आसान बहाने से

मैं अपने कुफ़्र से शर्मिन्दा हूँ कि उसकी तरफ़
मिरे क़दम मिरा ईमान रोक लेता है

फ़रार हो गई होती कभी की रूह मिरी
बस एक जिस्म का एहसान रोक लेता है

कभी तो आएँगे एहसास जी की बैअ'त[1] में
हमें बस इक यही इम्कान[2] रोक लेता है

1 हवाले करना, अनुयायी बनना 2 संभावना

दिल भर आता है तो वीरान बहुत होता है
बाढ़ में शह्‌र का नुक़्सान बहुत होता है

क्यों न ग़र्क़ाब[1] हों रोती हुई आँखें मेरी
कश्तियों पर भी तो सामान बहुत होता है
1 पानी में डूब जाना

ग़ैर-मौजूद[1] बहुत होता हूँ मैं महफ़िल में
जब मिरे नाम का ऐ'लान बहुत होता है
1 अनुपस्थित

शे'र कहता नहीं ता-उ'म्र[1] हमारा शाइ'र
हाँ मगर साहब-ए-दीवान[2] बहुत होता है
1 आजीवन 2 जिसने सारे कलाम का संग्रह बनाया हो

उसको इन्साँ ही समझते नहीं हम कम-इन्सान
कोई इन्सान जो इन्सान बहुत होता है

मेज़बानी[1] का सलीक़ा ही नहीं है दिल को
वर्ना वो आज भी मेहमान बहुत होता है
1 आतिथ्य

शोर क्यों इतना मचाते हो मुसलमानी का
ख़ामुशी में भी तो ईमान बहुत होता है

नज़रें हों तो जहाँ होता है अन्देशा-ए-मौत[1]
ज़िन्दा रहने का भी इम्कान बहुत होता है
1 मौत की आशंका

जिस्म का मोरचा मत खोल अभी दिल को सँभाल
जंग का एक ही मैदान बहुत होता है

फ़रहत एहसास को दे जाए जो दम भर का विसाल[1]
जिस्म इतना भी मिरी जान बहुत होता है

1 मिलन

ला-शुऊ'री[1] का करम[2] होता है
मैं मिरा जब कभी हम होता है

1 अवचेतन 2 मेहरबानी

मौज में आता है जब मेरा वजूद
मेरी ख़िदमत में अ'दम[1] होता है

1 न होना

मौत और ज़िन्दगी लड़ती हैं बहुत
और मिरी नाक में दम होता है

हाथ जब काट दिए जाते हैं
तब बुलन्द अपना अ'लम[1] होता है

1 झंडा

लोग मिलते तो हैं आपस में बहुत
कब किसे कौन बहम[1] होता है

1 उपलब्ध

मुझमें ही आती है हर साँस मिरी
फिर भी हर साँस का ग़म होता है

फ़रहतुल्लाह भी आज आख़िर-कार[1]
फ़रहत एहसास में ज़म[2] होता है

1 अंततः 2 विलीन

पुराना ज़ख़्म जिसे तज्रबा[1] ज़ियादा है
ज़ियादा दुखता नहीं सोचता ज़ियादा है
1 अनुभव

ज़रा ज़ियादा मोहब्बत भी चाहिए हमको
हमारा दिल भी तो टूटा हुआ ज़ियादा है

तिरा विसाल[1] ज़रूरत है जिस्म-ओ-जाँ की तो हो
तिरा ख़याल मिरे काम का ज़ियादा है
1 मिलन

जो मस्जिदों की तरफ़ इस क़दर बुलाते हैं
तो क्या ये है कि कहीं कुछ ख़ुदा ज़ियादा है

मैं बार बार जो उसकी तलब[1] में जाता हूँ
ख़याल-ए-ख़ाम[2] में शायद मज़ा ज़ियादा है
1 प्यास, तलाश 2 ख़ुद को धोखा देने वाला ख़याल

अमीर-ए-शहर[1] से अब कौन बाज़पुर्स[2] करे
कि उसके पास बहुत सी क़बा[3] ज़ियादा है?
1 सत्तधारी, शासक 2 पूछ-ताछ 3 पोशाक

ये आइना मिरा आईना-ए-मोहब्बत है
पर इसमें अ'क्स[1] किसी और का ज़ियादा है
1 प्रतिबिंब

बदन के बाग़ में सब रौनक़ें हैं दिल के क़रीब
इसी नवाह[1] में बाद-ए-सबा[2] ज़ियादा है

1 इ'लाक़ा 2 अच्छी हवा

हुजूम-ए-शिद्दत-ए-एहसास[1] बाढ़ पर है आज
करम भी आज ग़ज़ल का ज़रा ज़ियादा है

1 संवेदनाओं की तीव्रता

इ'श्क़ भी करना है हमको और ज़िन्दा भी रहना है
इ'श्क़ में मरने वालों से शर्मिन्दा भी रहना है

तुमको एक यही दुनिया है सब कुछ है आसान
मुश्किल मेरी है मुझको आइन्दा[1] भी रहना है

1 आने वाला समय

रखनी है बुनियाद भी अपने अलग घराने की
वक़्त की संगत में उसका साज़िन्दा[1] भी रहना है

1 साज़ बजाने वाला

बहुत मोहज़्ज़ब[1] होना भी कब है ख़तरे से ख़ाली
अन्दर जंगल जंगल एक दरिन्दा भी रहना है

1 सभ्य

दिल तो बुझता जाता है एहसास मियाँ जी का
शब से शर्त लगी है तो ताबिन्दा[1] भी रहना है

1 रौशन, चमकदार

हमको बराए-दुनिया[1] बेजान कर दिया है
क्या इ'श्क़ तूने जीना आसान कर दिया है
1 दुनिया के लिए

सीना फुला के ऐसे मस्जिद से आ रहे हैं
अल्लाह मियाँ पे जैसे एहसान कर दिया है

मिट्टी को अपनी मिट्टी पानी को अपना पानी
सर्माया[1] आब-ओ-गिल[2] का सब दान कर दिया है
1 पूँजी 2 पानी और मिट्टी

तूने हमारे फ़ानी[1] होने की लाज रख ली
आब-ए-हयात[2] मिट्टी में सान कर दिया है
1 नश्वर 2 अमृत

साहिल की बस्तियों का सारा घमंड टूटा
सैलाब ने तमांचा जब तान कर दिया है

सूखे लबों पे उसने टपकाया आब[1]-ए-बोसा
और वो भी अपने होंठों से छान कर दिया है
1 पानी

तुम सोच में पड़े हो तो सोचते रहो तुम
हमने तो इ'श्क़ अपना ए'लान कर दिया है

हमने तो ज़ख़्म अपने लिख-लिख के रख लिए थे
यारों ने जम्अ' कर के दीवान कर दिया है

हम चाहते थे अपना करना उसे तो उसने
हमको ही अपने घर का दरबान[1] कर दिया है

1 संतरी

दुनिया ने कुछ न छोड़ा जुज़[1] एक फ़रहत एहसास
हर एक फरहतुल्लह को ख़ान कर दिया है

1 सिवा

मस्जिद-ए-जिस्म[1] में सूफ़ी मिरे! तू कैसा है
कैसी है तेरी नमाज़ और वुजू कैसा है

1 जिस्म की मस्जिद

अब कहीं तू है न मैं हूँ न कोई ख़्वाहिश-ए-वस्ल[1]
तेरी आग़ोश[2] में ये आ'लम-ए-हू[3] कैसा है

1 मिलन की कामना 2 आलिंगन 3 सन्नाटा

फूल खिलता है तो खिलता ही चला जाता है
ग़ुन्चा-ए-वस्ल[1] तिरा जोश-ए-नुमू[2] कैसा है

1 मिलन की कली 2 विकास की तीव्रता

ज़ख़्म का हाल ज़रा बा'द में कहना, पहले
ये बता दे मिरा अन्दाज़-ए-रफ़ू[1] कैसा है

1 सिलने और टाँकने का तरीक़ा

होंठ काटे हैं तिरे उसने कि तूने उसके
फ़रहत एहसास तिरे लब पे लहू कैसा है

हमेशा का ये मन्ज़र है कि सहरा जल रहा है
पर अब हैरत तो इस पर है कि दरिया जल रहा है

तुम्हें फ़ुर्सत हो जीने से तो अपने पार देखो
पस-ए-दीवार-ए-अय्याम[1] इक ज़माना जल रहा है

1 समय की दीवार के पीछे

ज़रा सी देर को शाने से अपना सर हटा ले
तिरे रुख़्सार के शो'लों से शाना जल रहा है

सफ़र करना है अगली सुब्ह और गर्मी-ए-पा[1] से
मिरे बिस्तर का सारा पाएताना जल रहा है

1 पाँव की गर्मी

पिघल कर गिर रहे हैं मेरे सर पर चाँद तारे
सुना है आस्माँ का शामियाना जल रहा है

गर अपने आपमें इन्सान बढ़ता जा रहा है
तो फिर क्यों इस क़दर बोहरान[1] बढ़ता जा रहा है

1 संकट

दिलों में जिस क़दर ईमान बढ़ता जा रहा है
दिलों का हल्क़ा[1]-ए-नुक़्सान बढ़ता जा रहा है

1 दायरा

सिमटता जा रहा है दाएरा मालिक-मकाँ का
मकाँ पर क़ब्ज़ा-ए-मेहमान बढ़ता जा रहा है

मुझे लगता है सहरा की तरफ़ जाना पड़ेगा
दर-ओ-दीवार का एहसान बढ़ता जा रहा है

बहुत दिन हो गए रोया न अपने हाल पे शह्र
दिलों में ख़ित्ता[1]-ए-वीरान बढ़ता जा रहा है

1 इ'लाक़ा

बहुत सा हुस्न पहली बार देखा है किसी ने
तो उसकी ही तरफ़ हैरान बढ़ता जा रहा है

बदन ख़ाली करो और कश्ती[1]-ए-जाँ को बचाओ
ख़तरनाकी का ये सामान बढ़ता जा रहा है

1 नाव

नुमू[1] करना सुना है जानदारों की सिफ़त[2] है
मगर ये शह्र तो बेजान बढ़ता जा रहा है

1 बढ़ना, बड़ा होना 2 विशेषता

न जाने कितने भूखों की किफ़ालत[1] हो रही है
हवस-कारी[2] का दस्तरख़्वान[3] बढ़ता जा रहा है

1 पालन-पोषण 2 वास्ना-मयता 3 वो कपड़ा जिस पर खाना खाते हैं

मियाँ एहसास जी कुछ शाइ'री भी करते रहिए
ये माना आपका दीवान बढ़ता जा रहा है

हर इक जानिब उन आँखों का इशारा जा रहा है
हमें किन इम्तिहानों से गुज़ारा जा रहा है

किनारे को बचाऊँ तो नदी जाती है मुझसे
नदी को थामता हूँ तो किनारा जा रहा है

मैं डूबा जा रहा हूँ इन सदाओं के भँवर में
मुझे अब चारों जानिब से पुकारा जा रहा है

ये सारा खेल फ़त्ह-ए-शाह[1] का है जिसकी ख़ातिर
पियादों जैसे इन्सानों को हारा जा रहा है

1 बादशाह की जीत

मिरे आश्आ'र हैं वो आस्मानी ख़्वाब जिनको
मिरी मिट्टी के होंठों पर उतारा जा रहा है

वहीं चश्म-ओ-लब-ओ-रुख़्सार[1] भी जाते हैं उसके
जहाँ ये हुस्न का सारा इदारा[2] जा रहा है

1 आँख, होंठ और गाल 2 संस्थान

मैं साहिल हो गया हूँ जब से वो दरिया हुआ है
नज़र ठहरी हुई है और नज़ारा जा रहा है

अ'लम-बरदार-ए-तन्हाई[1] था अपना फ़रहत एहसास
हुजूम-ए-शह्र[2] के हाथों जो मारा जा रहा है

1 तन्हाई का झंडा उठाने वाला 2 शह्र की भीड़

पहले क़ब्रिस्तान आता है फिर अपनी बस्ती आती है
जाने कितनी क़ब्रों से हो कर शम-ए'-हस्ती[1] आती है

1 जीवन का चराग़

चढ़ कर सारी शराबें जब औक़ात पे अपनी आ जाती हैं
चढ़ता है दरिया-ए-ख़ूँ[1] और मिट्टी को मस्ती आती है

1 ख़ून का दरिया

रौशनी उसकी डाक से आने में तो ज़माने लग जाते हैं
इस दौरान इक नूर की चिट्ठी कभी-कभी दस्ती आती है

बाज़ार-ए-हस्ती[1] जाते हैं क्या क्या ख़्वाहिश ले कर लेकिन
मौत ख़रीद के ले आते हैं क्योंकि ज़रा सस्ती आती है

1 अस्तित्व के बाज़ार में

कच्ची मिट्टी के फ़रहत एहसास ज़रा पानी में संभल कर
दरिया में तुम ख़ूब नहाते हो जब भी मस्ती आती है

नहीं देखता दिन जिसे चश्म-ए-शब[1] देखती है
अंधेरा भी इक दूसरे रंग की रौशनी है

1 रात की आँख

पुराने अंधेरों को आँखों में महफ़ूज़ रखना
नई रौशनी कुछ यक़ीनी नहीं रौशनी है

चली जाए बाज़ार में रौशनी जब अचानक
चमकने लगे जो बस इक दम वही आदमी है

चिमट जाए जो जिस्म से मौत से लम्हा पहले
जिसे रोकना ग़ैर-मुम्किन हो वो ज़िन्दगी है

इसी की बदौलत तो घर अपना घर लग रहा है
जो चीज़ों की भरमार में इक ज़रा सी कमी है

फटे-हाल ऐसा यहाँ कोई और अब कहाँ है
ज़रा ग़ौर से देखना फ़रहत एहसास ही है

जाग आँखों की जब भी सोने लगती है
रात लिपट कर मुझसे रोने लगती है

आईने में अलख जगाता है मिरा अ'क्स[1]
जब भी उसकी सूरत खोने लगती है

1 प्रतिबिंब

बहुत ज़ियादा ज़िक्र इन्सानों का मत कर
जानवरों को वहशत[1] होने लगती है

1 डर

वस्ल[1] के दौरान उसमें मर जाता हूँ मैं
और मिरी पैदाइश होने लगती है

1 मिलन

न होने की भी इक सूरत मिरे होने में रहती है
मैं सब पाने में रहता हूँ वो सब खोने में रहती है

ये है दुनिया का घर जिसमें करोड़ों लोग रहते हैं
मोहब्बत भी इसी घर के किसी कोने में रहती है

जब आँखों से चराग़ों की तरह आँसू निकलते हैं
बला की रौशनी उस रात दिन रोने में रहती है

आख़िरी सफ़[1] भी चराग़ों की बुझा चाहती है
अब वही हो के रहेगा जो हवा चाहती है
1 पंक्ति

बर्ग-ओ-बार[1] आ गए मेरे शजर-ए-ज़ख़्म[2] पे फिर
कितना सर-सब्ज़[3] मुझे बाद-ए-फ़ना[4] चाहती है
1 फूल-पत्ते 2 घाव का पेड़ 3 हरा-भरा 4 मिटाने वाली हवा

मुझको इक उ'म्र से लगता है बदन में कोई चीज़
कुछ इशारों ही इशारों में कहा चाहती है

हाँ बस अब देर न कर मेरे लबों पर लब डाल
ऐसा लगता है कि कुछ बात बना चाहती है

राह चलते हुए अक्सर नज़र आ जाती है मौत
और यूँ देखती है जैसे ग़िज़ा[1] चाहती है
1 भोजन

जिस्म पे करती है एहसान बहुत रूह उसकी
पर सिला[1] उसका मिरे जिस्म-गुना[2] चाहती है
1 बदला 2 जिस्म जितना

जिन्दगी आधी तो रोते हुए कट जाती है
और बाक़ी जो है सोते हुए कट जाती है

काटिए क्या किसी ता'बीर[1] के हाथों से उसे
फ़स्ल[2] ख़्वाबों की जो बोते हुए कट जाती है

1 नतीजा, स्वप्न फल 2 खेती

रोएँ किस वक़्त कि आधी से ज़ियादा तो ये रात
सिर्फ़ आँखों को भिगोते हुए कट जाती है

शाइ'री कैसी मसाफ़त[1] है कि मा'नी का तिलिस्म[2]
सादा लफ़्ज़ों में समोते हुए कट जाती है

1 दूरी 2 जादू

हम बनें हम तो बनें कैसे कि सारी तो ये उ'म्र
जो नहीं होते वो होते हुए कट जाती है

तूने पाई है मोहब्बत तो मुबारक एहसास
उ'म्र-ए-इ'श्क़[1] अपनी तो खोते हुए कट जाती है

1 मोहब्बत की उ'म्र

कुँवारी आँखों की वहशत-पैमाई[1] कम होती जाती है
शादी-शुदा चेहरों से हाथा-पाई कम होती जाती है
1 भटकाव

बिस्तर बाँध रही हैं उसके विसाल[1] की आख़िरी उम्मीदें भी
बिसमिल्लाह ख़ानः-ए-दिल की शहनाई कम होती जाती है
1 मिलन

आज फिर उसके पास न आने से बिल्कुल ही टूट गए हम
सोचा था उसके दिल की कम-पाई[1] कम होती जाती है
1 कम चलना

आँखों के ठहरे पानी पर जम्अ' हुआ था हिज्र[1] का सब्ज़ा
आँसू बह निकले हैं जब से काई कम होती जाती है
1 जुदाई

मिट्टी के मर्कज़[1] की जानिब लौट रही है ख़ाक[2] बदन की
उ'म्र-दराज़[3] हसीनों की अंगड़ाई कम होती जाती है
1 केंद्र 2 मिट्टी 3 प्रौढ़, बूढ़ा

पहले इक्का-दुक्का महफ़िल में ही तिरा जाना होता था
क्या फ़रहत एहसास तिरी तन्हाई कम होती जाती है

हर गली कूचे में रोने की सदा[1] मेरी है
शह्र में जो भी हुआ है वो ख़ता[2] मेरी है

1 आवाज़ 2 ग़लती

ये जो है ख़ाक का इक ढेर बदन है मेरा
वो जो उड़ती हुई फिरती है क़बा[1] मेरी है

1 लिबास

वो जो इक शोर सा बर्पा है अ'मल[1] है मेरा
ये जो तन्हाई बरसती है सज़ा मेरी है

1 काम

मैं न चाहूँ तो न खिल पाए कहीं एक भी फूल
बाग़ तेरा है मगर बाद-ए-सबा[1] मेरी है

1 ठंडी हवा

एक टूटी हुई कश्ती-सा बना बैठा हूँ
न ये मिट्टी न ये पानी न हवा मेरी है

क़िस्सा-ए-आदम[1] में एक और ही वहदत[2] पैदा कर ली है
मैंने अपने अन्दर अपनी औ'रत पैदा कर ली है

1 आदम का क़िस्सा 2 एकत्व

औ'रत ने मुझको ख़ुद से ख़ारिज[1] कर डाला है लेकिन
मैंने उसके जैसी अपनी सूरत पैदा कर ली है

1 बहिष्कृत

दुनिया को तब्दील नहीं कर पाए मगर ये क्या कम है
हमने जद्द-ओ-जहद[1] की एक रिवायत[2] पैदा कर ली है

1 पराक्रम, दौड़-धूप 2 परंपरा

भूखा रहते रहते इक दिन जिस्म अचानक बदल गया
और उसने दरवेशों[1] जैसी हालत पैदा कर ली है

1 सन्तों, फ़क़ीरों

धीरे-धीरे घुलने वाली बर्फ़ का तूदा[1] है ये जिस्म
जिसने पानी सी जीने की मोहलत[2] पैदा कर ली है

1 बड़ा टुकड़ा 2 वक़्त, संभावना

हल्की से हल्की चीख़ें सुनता है और दुख सहता है
दिल ने कैसी सख़्त लतीफ़[1] समाअ'त[2] पैदा कर ली है

1 बारीक 2 सुनने की क्षमता

हम फ़रहत एहसास अमीर[1] कबीर[2] वज़ीर[3] तो क्या होते
हाँ बस एक अ'जीब-ओ-ग़रीब[4] मोहब्बत पैदा कर ली है

1 सत्ताधारी 2 बड़ा 3 मंत्री 4 आश्चर्यजनक

वो एक अकेला चाँद कहाँ ये रात भयानक काली है
हम जैसे तन्हा लोगों को अल्लाह बहुत नाकाफ़ी है

क्या जादू नगरी जैसी है ये रिश्ते-नातों की दुनिया
घर के अन्दर भी कोई नहीं घर के बाहर भी ख़ाली है

कल रात हवा के झोंके से महबूब का दामन छूट गया
फिर चाँद बुझा फिर रात बढ़ी फिर रात बढ़े ही जाती है

ये शहर में कैसी भगदड़ है क्या कोई नई बिपता टूटी
सब लोग कहाँ को जाते हैं अब कौन नगर की बारी है

एहसास मुसलसल रोने का और ख़ौफ़ कहीं गुम होने का
जब ढारस कोई न दे पाए वो रात भी आने वाली है

सब ढूँड रहे हैं दुनिया में फ़रहत एहसास कहाँ होगा
वो ढूँड रहा है दुनिया के बाहर जो ज़रा हरियाली है

हद्द-ए-बदन में मेरी ज़ात[1] आ नहीं रही है
भागी हुई है ऐसी हाथ आ नहीं रही है

1 अपना अस्तित्व

इक साथ कर रहा हूँ इतनी बहुत सी बातें
होंठों पे कहने वाली बात आ नहीं रही है

सूरज मरा पड़ा है आँखों के रास्ते में
दिन ढल चुका है कब का रात आ नहीं रही है

बाज़ार में घिरा हूँ और शोर हो रहा है
मेरी समझ में कोई बात आ नहीं रही है

दुनिया से बात कर के बद-ज़ात[1] हो गया मैं
अब मेरे घर मिरी ही ज़ात आ नहीं रही है

1 दुश्टात्मा, कमीना

जिस रात फ़रहत एहसास अपनी हदों से निकले
वो माँ की कोख जैसी रात आ नहीं रही है

फूलों में जो रंग भर रही है
क्यों मुझको उदास कर गई है

किसके ये मकान जल रहे हैं
शह्रों में ये कैसी रौशनी है

ऐ शह्र बता कहाँ गया मैं
मुझको मिरी याद आ रही है

वो नींद जो तुझको आई होगी
वो नींद मुझे जगा रही है

मैं कोई अगर नहीं हूँ तेरा
हर रास्ता क्यों तिरी गली है

देखो अभी लहू की इक धार चल रही है
बाज़ू कटे हैं फिर भी तल्वार चल रही है

तहज़ीब[1] ने ये कैसा मुख़्बिर[2] लगा रखा है
हर लम्हा साथ घर की दीवार चल रही है

1 सभ्यता 2 ख़बर देने वाला

कुछ तो मिरी उदासी हंगामा भी किया कर
तू आज साथ मेरे बाज़ार चल रही है

तुम साथ हो तो कैसा चुपका पड़ा है दरिया
और ये हवा भी कैसी हमवार[1] चल रही है

1 समतल

कर लो अ'यादत[1] उसकी तुम भी तो फ़रहत एहसास
दुनिया बहुत दिनों से बीमार चल रही है

1 बीमार का हाल पूछना

घर में चीज़ें बढ़ रही हैं ज़िन्दगी कम हो रही है
धीरे-धीरे घर की अपनी रौशनी कम हो रही है

शह्र के बाज़ार की रौनक़ में दिल बुझने लगे हैं
ख़ूब ख़ुश होने की ख़्वाहिश में ख़ुशी कम हो रही है

अब किसी को भी छुओ लगता है पहले से छुआ सा
वो जो थी पहले-पहल की सनसनी, कम हो रही है

तय-शुदा[1] लफ़्ज़ों में करते हैं हम इज़्हार-ए-मोहब्बत[2]
अब तो पहले इ'श्क़ में भी अनकही कम हो रही है
1 निर्धारित 2 मोहब्बत जताना

ले गया ये शह्र उसको मेरे पहलू से उठा कर
मुझको लगता है मिरी दीवानगी कम हो रही है

हुस्न का बाज़ार आना-जाना भी कुछ बढ़ रहा है
कुछ मिरी आँखों की भी पाकीज़गी[1] कम हो रही है
1 पवित्रता

वक़्त डंडी मारता है तौलने में मेरा हिस्सा
दिन भी छोटे पड़ रहे हैं रात भी कम हो रही है

शह्र की कोशिश कि ख़ुद को और पेचीदा[1] बना ले
मेरी ये तश्वीश[2] मेरी सादगी कम हो रही है
1 उलझा हुआ 2 आशंका

साहिलों की बस्तियाँ ये देख कर ख़ामोश क्यों हैं
बस्तियों के फैलने से ही नदी कम हो रही है

शाम आते ही तुम्हें रहती है घर जाने की जल्दी
फ़रहत एहसास इन दिनों आवारगी कम हो रही है

बदन खुल गया ज़िन्दगी हो रही है
मिरी ख़ाक[1] कैसी हरी हो रही है
1 मिट्टी

अंधेरे ने ख़तरे की घंटी बजा दी
कहीं जुर्म-सी रौशनी हो रही है

बदन मेरा अपने बदन से छुपा लो
बड़ी सख़्त बेपर्दगी हो रही है

वो इस्बात[1] इस्बात से कट चुका है
अब उसकी नफ़ी[2] की नफ़ी हो रही है
1 प्रमाणित करना, सकारना 2 नकारना

कहीं लोग पिछली सदी से भी पीछे
कहीं ख़ूब अगली सदी हो रही है

बने फ़रहतुल्लाह ख़ाँ फ़रहत एहसास
कि पैदाइश-ए-आदमी[1] हो रही है
1 आदमी का जन्म

मुसलसल अश्क-बारी[1] हो रही है
मिरी मिट्टी बहारी[2] हो रही है
1 आँसुओं का टपकना 2 बसंती

दिए की एक लौ और तख़्ता-ए-शब
अ'जब सूरत-निगारी[1] हो रही है
1 शक्ल उभारना

ये मेरा कुछ न होना दर्ज कर लो
अगर मर्दुम-शुमारी[1] हो रही है
1 जनगणना

मैं जुगनू और तू इतनी बड़ी रात
ज़रा सी चीज़ भारी हो रही है

बहुत भारी हैं अब मिट्टी की पलकें
बदन पर नींद तारी हो रही है

ये बाहर शोर कैसा हो रहा है
ये कैसी मारा-मारी हो रही है

ज़रा हाथों में मेरे हाथ देना
बड़ी बे-इख़्तियारी[1] हो रही है
1 बे-क़ाबू होना

हम अपने आप से बिछड़े हुए हैं
तभी तो इतनी ख़्वारी[1] हो रही है
1 रुस्वाई, अपमान

वही फिर यक-क़लम[1] मन्सूख़[2] हूँ मैं
किताब-ए-इ'श्क़ जारी हो रही है

1 क़लम की एक जुंबिश 2 रद्द

कहाँ रख आए वो सादा-लिबासी[1]
ये क्या गोटा-कनारी हो रही है

1 सादा वेशभूषा

नहीं होती ये हरजाई[1] किसी की
तो क्यों दुनिया हमारी हो रही है

1 बेवफ़ा

सुनाओ शे'र अपने फ़रहत एहसास
समाअ'त[1] शब[2]-शरारी[3] हो रही है

1 सुनना 2 रात 3 चिंगारियों वाला

ये ज़िन्दगी भी मौत का सामान ही तो है
जीना ख़ुद अपनी जान का नुक़्सान ही तो है

मस्जिद जो आपकी है वो बुतख़ाना[1] है मिरा
ये मेरा कुफ़्र[2] आपका ईमान ही तो है
1 मंदिर 2 ख़ुदा से इन्कार

ख़ुद से ख़ुदा से और ज़माने के साथ जंग
इज़्हार-ए-इ'श्क़[1] जंग का ऐ'लान ही तो है
1 प्रेम की अभिव्यक्ति

कमबख़्त रूह हिज्र में रखती तमाम उ'म्र
ये वस्ल[1] हम पे जिस्म का एहसान ही तो है
1 मिलना

कलमा पढ़े बदन भी तो पूरा हो दीन-ए-इ'श्क़[1]
तू मेरी जान अब भी मिरी जान ही तो है
1 इ'श्क़ का मज़हब

मरना है एक रोज़ तो मरना है एक रोज़
इन्सान क्या करे कि वो इन्सान ही तो है

एहसास तेरे नाम की सारी ख़ता[1] है ये
काफ़िर सही प नाम मुसलमान ही तो है
1 ग़लती

काम इन आँखों की हवस-नाकी[1] की साज़िश आ गई
आख़िर उनपरहेज़गार[2] आँखों को ख़्वाहिश आ गई

1 वासना में लिप्त होना 2 नेक

मैं तो समझा था कि हम दोनों अकेले हैं मगर
उसको छूते ही हमारे बीच ख़्वाहिश आ गई

हम बहुत ख़ुश थे मगर इक दिन हमारे दर्मियाँ[1]
कुछ अलग से और ख़ुश होने की कोशिश आ गई

1 बीच

बादलों की तर्ह टकराए थे दो जिस्म और फिर
बिजलियाँ कड़कीं और इसके बा'द बारिश आ गई

उससे मिलने की कोई सूरत निकलती ही न थी
और तभी दिल के अ'लीगढ़ की नुमाइश आ गई

हम तसव्वुफ़[1] के हुए आ'लिम[2], तसव्वुफ़ छोड़ कर
दिल मोहब्बत से हुआ ख़ाली तो दानिश[3] आ गई

1 अध्यात्म 2 ज्ञानी 3 अ'क़्ल

फ़रहत एहसास और अस्मा[1] हो गए अह्ल-ए-निगाह[2]
देखते ही देखते योशी[3] को बीनिश[4] आ गई

1 जीवन-साथी का नाम 2 अंतदृष्टि वाले लोग 3,4 बेटियों के नाम

इक दूसरे की क़ैद से हमने रिहाई की
ता-उ'म्र[1] साथ साथ रहे और जुदाई की

1 आजीवन

आग़ोश[1] में वो आब-ए-रवाँ[2] की तरह मिला
कल रात हमने ख़ूब ही अपनी धुलाई की

1 आलिंगन 2 बहता पानी

पानी में ख़ुद ही ख़्वाहिश-ए-सब्ज़ा[1] अगर न हो
ऐसी मजाल हो ही नहीं सकती काई की

1 काई उगाने की ख़्वाहिश

हमको तो बन्दगी[1] की भी मोहलत नहीं मिली
उसने इस एहतिमाम[2] से हमपर ख़ुदाई की

1 पूजा 2 व्यवस्थित ढंग

मा'मूल[1] नेकियों का गुज़रने लगा गराँ[2]
हमपर खुली हक़ीक़त अचानक बुराई की

1 रोज़ का काम 2 भारी

एहसास एक शे'र नहीं कह सकेगा तू
तन्हाई में जो तूने ये बज़्म-आज़माई[1] की

1 महफ़िल सजाना

हुई इक ख़्वाब से शादी मिरी तन्हाई की
पहली बेटी है उदासी मिरी तन्हाई की

अभी मा'लूम नहीं कितने हैं ज़ाती[1] अस्बाब[2]
कितनी वज्हें हैं समाजी मिरी तन्हाई की
1 वैयक्तिक 2 कारण

जा के देखा तो खुला रौनक़-ए-बाज़ार[1] का राज़
एक-इक चीज़ बनी थी मिरी तन्हाई की
1 बाज़ार की रौनक़

शह्र-दर-शह्र जो ये अन्जुमनें[1] हैं आबाद
तर्बियत-गाहें[2] हैं सारी मिरी तन्हाई की
1 महफ़िलें 2 प्रशिक्षण केंद्र

सिर्फ़ आईना-ए-आग़ोश-ए-मोहब्बत[1] में मिली
एक तन्हाई जवाबी मिरी तन्हाई की
1 मोहब्बत की गोद का आईना

साफ़ है चेहरा-ए-क़ातिल[1] मिरी आँखों में मगर
मो'तबर[2] कब है गवाही मिरी तन्हाई की
1 क़ातिल का चेहरा 2 विश्वसनीय

हासिल-ए-वस्ल[1] सिफ़र[2] हिज्र[3] का हासिल भी सिफ़र
जाने कैसी है रियाज़ी[4] मिरी तन्हाई की
1 मिलन का अन्जाम 2 शून्य 3 जुदाई 4 गणित

किसी हालत में भी तन्हा नहीं होने देती
है यही एक ख़राबी मिरी तन्हाई की

मैं जो यूँ फिरता हूँ मय-ख़ानों में बुत-ख़ानों[1] में
है यही रोज़ा-नमाज़ी[2] मिरी तन्हाई की

1 मंदिरों 2 रोज़ा नमाज़ का काम

फ़रहत एहसास वो हम-ज़ाद[1] है मेरा जिसने
शहर में धूम मचा दी मिरी तन्हाई की

1 साथ पैदा होने वाला, साया

कल शाम हमने एक सितारे से बात की
फिर उसके बेपनाह[1] उजाले में रात की

1 प्रचूर, हैरान कर देने वाला

ये शहर चल रहा है तो हैरत की बात है
काग़ज़ के आदमी हैं तो चीज़ें हैं धात की

किसकाम का ये जिस्म अगर टूटता नहीं
करना न मुझसे वस्ल[1] में बात एहतियात[2] की

1 मिलन 2 सावधानी

फिर यूँ हुआ कि हम भी तसव्वुफ़[1] में खो गए
पाबन्द[2] वो भी हो गई सौम-ओ-सलात[2] की

1 अध्यात्म 2 नियम का पालन करना 3 रोज़ा-नमाज़

मेरे बदन में इतना गुनाहों का नूर[1] था
तल्वार जगमगाने लगी पुल-सिरात[2] की

1 रौशनी 2 नर्क पर बना पुल

इस वाहिमे[1] से कौन हक़ीक़त को ले के आए
अब दिन में कौन याद करे बात रात की

1 भ्रम

मैं शह्री हूँ मगर मेरी बियाबानी[1] नहीं जाती
जुनूँ कुछ भी पहन ले उसकी उ'र्यानी[2] नहीं जाती

1 वीरानी 2 निर्वस्त्र होना

नहीं कुछ और होगा वो मोहब्बत तो नहीं होगी
कि इतनी रौशनी इतनी ब-आसानी[1] नहीं जाती

1 आसानी के साथ

खुले हैं सारे दरवाज़े हमारे क़ैद-ख़ाने[1] के
कि दरवाज़े तलक ज़न्जीर-ए-ज़िन्दानी[2] नहीं जाती

1 क़ैद-ख़ाने 2 क़ैदी की ज़न्जीर

बुतों को देखते ही हूक सी इक दिल में उठती है
दिल-ए-मोमिन[1] से याद-ए-कुफ़्र-सामानी[2] नहीं जाती

1 ईमान वालों का दिल 2 धर्म से भटकाने वाली याद

उठा लाता हूँ मैं बाज़ार से रोज़ इक नई आफ़त
मिरे घर से बला-ए-साज़-ओ-सामानी[1] नहीं जाती

1 ज़ियादा सामान होने की मुसीबत

अज़ल[1] का दाग़-ए-हिज्र इतना हमारे दिल पे रौशन है
कि अपनी वस्ल[2] की अ'र्ज़ी[3] कहीं मानी नहीं जाती

1 सृष्टि के रचे जाने का समय 2 मिलन 3 आवेदन

मैं कब का उसकी ह्द्द-ए-दीद[1] से बाहर निकल आया
मगर उसकी तरफ़ से मेरी निगरानी नहीं जाती

1 दिखाई देने की हद

बहुत दिन से मुसलसल और मुकम्मल देखते हैं हम
मगर क्या हुस्न है आँखों की हैरानी नहीं जाती

हम इक मुद्दत से ख़ुद को कुफ़्र[1] की ख़ुश्बू लगाते हैं
मगर कमबख़्त ये बू-ए-मुसलमानी[2] नहीं जाती

1 अधर्म 2 मुसलमान होने की महक

तमाम आ'साब[1] पर तारी है नस्री नज़्म[2] दुनिया की
मगर एहसास साहब की ग़ज़ल-ख़्वानी[3] नहीं जाती

1 दिमाग को संकेत देने वाली नसें 2 गद्य कविता 3 ग़ज़ल कहना

बुनियाद[1] में ही कोई ख़राबी तो नहीं थी
ता'लीम[2] तिरे दिल की निसाबी[3] तो नहीं थी

1 नींव 2 शिक्षा 3 पाठ्यक्रम आधारित

नाकाम हुई क्यों मिरी ना-ख़्वाँदा[1] मोहब्बत
भाई थी जो सूरत वो किताबी तो नहीं थी

1 अनपढ़

क्या खाते, कमाते न जो नान-ओ-नमक-ए-ज़ख़्म[1]
ये आ'शिक़ी थी कोई नवाबी तो नहीं थी

1 घाव का भोजन

इतनी जो मोहब्बत की रसद[1] आती थी दिल को
मेरी तलब-ए-ख़ाना-ख़राबी[2] तो नहीं थी

1 आपूर्ति 2 बर्बादी की माँग

ठहरी रहीं बस एक ही चेहरे पे जो ता-उ'म्र
आँखों में मिरी कोई ख़राबी तो नहीं थी

हाँ होंठ गुलाबी तो हमेशा ही थे उसके
आवाज़ मगर ऐसी गुलाबी तो नहीं थी

क्या हिज्र की रातों में पड़ी है तुझे ये लत
तू चश्म-ए-तर[1] इस तर्ह शराबी तो नहीं थी

1 भीगी आँखें

एहसास तिरी बोस-ओ-कनारी[1] गई बेकार
ये तेरी हुज़ूरी[2] भी ग़याबी[3] तो नहीं थी

1 चुंबन इत्यादि 2 उपस्थिति होना 3 अनुपस्थिति होना

बेरंग बड़े शह्र की हस्ती भी वहीं थी
इक रंग उड़ाती हुई तितली भी वहीं थी

बाज़ार के जादू की न थी काट मिरे पास
जो चीज़ बुरी थी वही अच्छी भी वहीं थी

बस इक तिरा चेहरा ही न था महफ़िल-ए-गुल[1] में
बेला भी था चम्पा भी चमेली भी वहीं थी

1 फूलों की सभा/महफ़िल

इस बाढ़ में करता था जहाँ भी मैं किनारा
अन्दर से उबलती मिरी नद्दी भी वहीं थी

सैलाब-ए-बदन उसका जो आया तो गया मैं
हर-चन्द[1] मिरे जिस्म की कश्ती भी वहीं थी

1 यद्यपि

ऐ इ'श्क़ जहाँ तूने मुझे जम्अ' किया था
मिट्टी मिरी आख़िर को बिखरनी भी वहीं थी

अफ़्सोस गई क़ब्र भी एहसास मियाँ की
ये क़ब्र जहाँ थी मिरी मिट्टी भी वहीं थी

दिल ने इमदाद[1] कभी हस्ब-ए-ज़रूरत[2] नहीं दी
दश्त3 में अ'क़्ल न दी शह्र में वहशत[4] नहीं दी

1 सहायता 2 आवश्यकतानुसार 3 वीराना 4 दीवानापन

अह्ल-ए-मस्जिद[1] को है शिक्वा तो ख़ुदा से पूछें
जिसने हमको कभी तौफ़ीक़-ए-इ'बादत[2] नहीं दी

1 मस्जिद वाले, नमाजी 2 इ'बादत का सामर्थ्य

इ'श्क़ तू आज भी है किसके लहू से सर-सब्ज़[1]
कब बता हमने तुझे नज़्र-ए-शुजाअ'त[2] नहीं दी

1 हरा-भरा 2 बहादुरी

ज़िन्दगी ऐ'श कराती रही ता-उ'म्र[1] हमें
क्या हुआ ढंग से जीने की जो फ़ुर्सत नहीं दी

1 ज़िन्दगी भर

इ'श्क़ में एक बड़ा ज़ुल्म है साबित-क़दमी[1]
वक़्त ने भी हमें इस बाब[2] में क़ुदरत[3] नहीं दी

1 टिके रहना 2 क्षेत्र 3 दक्षता, शक्ति

सर सलामत लिए लौट आए गली से उसकी
यार ने हमको कोई ढंग की ख़िदमत नहीं दी

कौन-सी ऐसी ख़ुशी है जो मिली है इक बार
और ता-उ'म्र[1] हमे जिसने अज़िय्यत[2] नहीं दी

1 आजीवन 2 यातना

अह्ल-ए-दिल[1] ने कभी मख़्लूत[2] हुकूमत न बनाई
अ'क़्ल वालों ने भी बेशर्त हिमायत[3] नहीं दी

1 दिल वाले, आ'शिक़ लोग 2 मिली-जुली 3 समर्थन

बस मिरा नाम ही तारीख़[1] के सफ़्हों[2] में नहीं
मैंने तारीख़ के सफ़्हात को रिश्वत नहीं दी

1 इतिहास 2 पन्नों

फ़रहत एहसास तो हम ख़ुद ही बने हैं वर्ना
फ़रहतुल्लह ने कभी इसकी इजाज़त नहीं दी

रोज़े अगर रखने हैं तो फिर ई'द नहीं करनी
हमें किसी अल्लाह मियाँ की दीद[1] नहीं करनी

1 देखना

रूह का हामिला[1] होना सच हो या अफ़्साना हो
इससे किसी पैदाइश की उम्मीद नहीं करनी

1 गर्भवती

कार-ए-विसाल[1] को बीच से करना है या आख़िर से
जिस्म के ज़ाए'[2] होने की तम्हीद[3] नहीं करनी

1 मिलन 2 बेकार 3 भूमिका

तर्क-ए-तअ'ल्लुक़[1] कर के करना है इक ताज़ा इ'श्क़
किसी पुराने रिश्ते की तज्दीद[2] नहीं करनी

1 संबंध विच्छेद 2 पुन: स्थापित

इ'ल्म-ओ-फ़ज़्ल[1] में कोई कहीं का भी तुर्रम ख़ाँ हो
हमें किसी भी साले की तक़्लीद[2] नहीं करनी

1 ज्ञान और बड़प्पन 2 नक़्ल

दीन-ए-मोहब्बत[1] में ज़ो'फ़-ए-ईमान[2] है तर्क-ए-शिर्क[3]
और हमें ये तौहीन-ए-तौहीद[4] नहीं करनी

1 मोहब्बत का धर्म 2 ईमान की कमज़ोरी 3 ख़ुदा को एक मानना 4 विश्वास का अपमान

इक तर्तीब[1] में रखने हैं फ़ाइ'ल[2] मफ़्ऊ'ल[3] और फ़े'ल[4]
मिस्रा-ए'-वस्ल[5] लगाने में ताक़ीद[6] नहीं करनी

1 क्रम 2 कर्ता 3 कर्म 4 क्रिया 5 मिलन का मिस्रा' 6 शब्दों के बीच अनुचित दूरी

कही हमने बहुत रो-रो कहानी
गया वो सुनते-सुनते सो कहानी

सुनाई ये कहानी जब भी उसको
कहा उसने सुनाओ वो कहानी

सुनो वर्ना समाअ'त[1] की ज़मीं में
तुम्हारी, हम ये देंगे बो कहानी

1 सुनने की क्षमता

कहो इ'श्क़-ए-हक़ीक़ी[1] वाकिआ' एक
मजाज़ी[2] की सुनो दो-दो कहानी

1 अलौकिक प्रेम 2 लौकिक प्रेम

नहीं कुछ भी यहाँ सच्चाई-वच्चाई
हक़ीक़त है वही जो हो कहानी

सुने इक रात अगर वो फ़रहत एहसास
हक़ीक़त जागिए सो-सो कहानी

कुछ फिर भी कमी आई न वहशत[1] में हमारी
इक सख़्त बयाँ और मज़म्मत[2] में हमारी

1 दीवानगी 2 निंदा

हम इतने जो ग़ायब से नज़र आते हैं अक्सर
इक ख़्वाब भी शामिल है हक़ीक़त में हमारी

कुछ भाव चढ़े और रक़ीबों[1] के हमारे
कुछ और इज़ाफ़ा हुआ ज़िल्लत में हमारी

1 प्रतिद्वन्दी

कुछ इतनी चढ़ीं हम पे उन आँखों की शराबें
सुर्ख़ाब के पर[1] लग गए सूरत में हमारी

1 एक काल्पनिक पक्षी के अति सुंदर पंख

सिर्फ़ एक सिफ़ारिश के न होने के इ'लावा
देखो तो कमी क्या है लियाक़त[1] में हमारी

1 क्षमता

जाना हो जो सहरा को तो सब घर से निकल आएँ
कल क़ाफ़िला जाना है क़यादत[1] में हमारी

1 नेतृत्व

उस जिस्म की चुप जब भी सुख़न[1] करती है हमसे
शोर उठता है रूहानी समाअ'त[2] में हमारी

1 बात 2 सुनने की क्षमता

मज़हब है अगर कोई तो है मज़हब-ए-इन्कार[1]
है कुफ़्र[2] ही ईमान[3] शरीअ'त[4] में हमारी
1 इन्कार का मज़हब 2 अस्वीकृति, 3 धर्म 4 धार्मिक सिद्धांत

या रूई बहुत सख़्त है कानों में किसी के
या दम ही नहीं कोई शिकायत में हमारी

हो जाएगा फिर बाग़-ए-बदन, रूह का सहरा
इक रात चले आओ जो सोहबत में हमारी

एहसास नया शहर में दीवाना है कोई
भेजो तो कोई दिन उसे ख़िदमत[1] में हमारी
1 सेवा

ख़ूब होनी है अब इस शह्‌र में रुस्वाई[1] मिरी
बीच बाज़ार उभर आई है तन्हाई मिरी

1 बदनामी

एक बार उसने बुलाया था तो मस्रूफ़ था मैं
जीते-जी फिर कभी बारी ही नहीं आई मिरी

मुन्जमिद[1] हो गया सारा मुतहर्रिक[2] मेरा
मेरे पानी पे जमी बैठी है अब काई मिरी

1 जम जाना 2 सक्रिय

अपनी ता'मीर[1] के मल्बे से पटा जाता हूँ
सारी पायाब[2] हुई जाती है गहराई मिरी

1 निर्माण 2 उथलापन

दश्त-ए-ख़ामोशी[1] में चलती है बहुत तेज़ हवा
दूर तक उड़ती हुई गर्द है गोयाई[2] मिरी

1 ख़ामोशी का वीराना 2 बोलने की शक्ति

ज़िन्दगी साल छमाही तो मिला कर आ कर
ग़ैरियत इतनी भला किस लिए माँ-जाई[1] मिरी

1 एक माँ की सन्तान

उसने बस एक इशारे में किया काम तमाम
सामने उसके धरी रह गई दानाई[1] मिरी

1 बुद्धिमत्ता

इस क़दर हुस्न कि होश उड़ गए आँखों के मिरे
इस क़दर नूर कि जाती रही बीनाई[1] मिरी

1 आँखों की रौशनी

फ़रहत एहसास तग़ज़्ज़ुल[1] से शराबोर हुआ
रात आग़ोश[2] में कुछ यूँ वो ग़ज़ल आई मिरी

1 ग़ज़ल का हुस्न 2 बाँहों

साँसें ना-हमवार[1] मिरी
जान हवा-ए-यार मिरी

1 उखड़ी हुई

मेरी नफ़ी[1] को रास्ता कर
मन्ज़िल साफ़ इन्कार मिरी

1 इन्कार

मार मुझे और जान बचा
ऐ जान-ए-बीमार मिरी

पाँव हुए मफ़्लूज[1] मिरे
चलने लगी दीवार मिरी

1 अपाहिज

मैं ख़ाली मैदान-ए-जंग
मुझसे जुदा तल्वार मिरी

मैं दरिया के हुस्न में गुम
जा कश्ती बेकार मिरी

आइन्दा[1] फ़रहत एहसास
मय्यत है तय्यार मिरी

1 आने वाला समय

सुस्त पड़ने लगी साँसों की रवानी मेरी
जाने कब बीच में रुक जाए कहानी मेरी

फिर किसी वस्ल की शब[1] में मुझे मरना होगा
हो गई है ये शब-ए-हिज्र[2] पुरानी मेरी

1 रात 2 विरह की रात

शह्र कितना ये दुखी है मुझे मा'लूम हुआ
जब से मक़्बूल[1] हुई मर्सिया-ख़्वानी[2] मेरी

1 लोकप्रिय 2 शाइरी के माध्यम से शोक व्यक्त करना

दुख का दरबार सजाता है मिरा राजा हिज्र[1]
जब महकती है बहुत रात की रानी मेरी

1 विरह

फिर अ'सा[1] टेकता आ जाता है अपने बाहर
छेड़ती है जो बुढ़ापे को जवानी मेरी

1 सहारा देने वाली छड़ी

कुछ इधर-उधर से

बरहनगी[1] पे उसे रूह की जो शर्म आई
तो अपनी ख़ाक-ए-बदन में गड़ा हुआ है कोई

1 खुलापन

कैसे जी लेते हैं लोग उससे बिछड़ कर ता-उ'म्र
हम तो बस हिज्र के इक वार में मर जाते हैं

एक के बा'द एक मज्मूआ'[1] मिरा आता रहा
और मैं शाइ'र बिचारा ग़ैर-मत्बूआ'[2] रहा

1 संग्रह 2 अप्रकाशित

डरे हुए हैं बहुत दोनों मर्कज़ी किर्दार
कि फिर से मार दिए जाएँगे कहानी में

जरूरत है न जल्दी है मुझे मरने की फिर भी
मिरे अन्दर बहुत कुछ चल रहा है ख़ुदकुशी सा

जिस्म को मरने की जल्दी थी तो मर जाने दिया
थक गया था ये मुसाफ़िर इसको घर जाने दिया

हमें अपने ख़ुदा से अपने जैसा इ'श्क़ करना था
अगर मस्जिद गए होते तो ये सज्दे नहीं होते

मिरा आईना किस अन्दाज़ से तोड़ा गया है
कि हर टुकड़ा अलग चेहरा नजर आता है मेरा

कभी साबित[1] ही न होता ये मिरा इ'श्क़ का जुर्म
मैं अगर जिस्म की सोहबत में न पाया जाता

1 प्रमाणित

कुफ़्र[1] का फ़त्वा तिरा मुझ तक पहुँचता ही नहीं
मैं तो क़श्क़ा[2] खींच सोहबत[3] में हूँ अपने 'मीर' की

1 ख़ुदा का इन्कार 2 टीका 3 साथ

ख़ुद ख़ुदा घबरा के अपने कान कर लेता है बन्द
जब सदा सुनता है ऐसे ना'रा-ए-तक्बीर[1] की

1 ख़ुदा सबसे बड़ा है, का ना'रा

हमको ख़बर है आगे के सारे मर्हलों[1] की
आग़ाज़[2] ही में अपना अन्जाम3 लिख रहे हैं

1 सफ़र के पड़ाव 2 आरंभ 3 अंत

फ़रहत एहसास का ईमान बचेगा कैसे
जिस जगह चारों तरफ़ सिर्फ़ मुसलमाँ होंगे

जो हमने वक़्त की चट्टान में चेहरे निकाले हैं
बहुत ईमान वालों को ये बुत-ख़ाना[1] खटकता है

1 शिवाला, मंदिर

ख़ुदा को पूजने लग जाऊँ छोड़ कर बुत को
बुतों के जैसे बदन वाला वो ख़ुदा भी तो हो

बहार उदास सी लड़की है बाहर आती नहीं
बस अपने घर में ही कपड़े बदलती रहती है

तमाम पैकर[1]-ए-बदसूरती है मर्द की ज़ात
मुझे यक़ीं है ख़ुदा मर्द हो नहीं सकता

1 आकृति

फँसे हुए हैं ख़ुद अपनी ही भीड़ में आँसू
मैं रोना चाहता हूँ और रो नहीं सकता

यहाँ जो रौशनी भी है अंधेरे की अ'ता[1] है
कि हर मा'लूम ना-मा'लूम से पैदा हुआ है

1 देन

मुसाफ़िर हो तो निकलो पाँव में आँखें लगा कर
किसी भी हमसफ़र[1] से रास्ता क्यों माँगते हो

1 साथ चलने वाला

वहाँ मुनाफ़ा' कमाने गए हैं अह्ल-ए-हवस[1]
हम अह्ल-ए-इ'श्क़ जहाँ से ख़सारे[2] लाते हैं

1 वासना-मय लोग 2 नुक़्सान

तू अपना दिल न बदल लेकिन इतना याद रहे
तिरे लिए कोई तब्दील होने वाला है

दुनिया में ऐसा खेल का मैदाँ कहीं न था
जी ख़ुश हुआ है हश्र[1] का मैदान देख कर

1 प्रलय

तनख़्वाह[1] थी ज़ियादा तो सारी सिपाह-ए-हक़[2]
एक-एक कर के ख़िदमत-ए-बातिल[3] में आ गई

1 वेतन 2 सच्चाई की फ़ौज 3 झूठ की सेवा

शाम के बा'द जहाँ धूप-सी आ बैठती थी
याद आँखों का वो कोना बहुत आता है मुझे

मैं तो आया हूँ लिबासों की ख़रीदारी को
और बाज़ार ये कहता है कि नंगा हो जाऊँ

क्या अ'जब है मिरे बुत मुझको ख़ुदा मानते हैं
और ख़ुदा मुझको डराता है कि बन्दा हो जाऊँ

एक सूरत पे नहीं मारते इतनी भी निगाह
शिद्दत-ए-दीद[1] से तस्वीर बदल जाती है

1 निगाह की तेज़ी

मैं सारी रात खुदाई सी करता रहता हूँ
कि रौशनी का दफ़ीना[1] है शाइ'री मेरी

1 गड़ा हुआ ख़ज़ाना

नूर आप अपने ही बोसे[1] का है पेशानी[2] पर
हम अभी उठ के मुसल्ले[3] से नहीं आए हैं

1 चुंबन 2 माथा 3 नमाज़ पढ़ने की जगह

मुझपर मिरी जमीन के अस्रार[1] खोल दे
इस बार मुझ पे पाँव तले से निगाह कर

1 भेद

आप सरनामे[1] पे अल्लाह-तआ'ला लिख लें
फिर तो मज़्मून[2] जहाँ तक भी हो काला लिख लें

1 लेख के ऊपर 2 लेख

ये पहला इ'श्क़ नहीं था न था ये पहला विसाल
मगर वो दोनों बदन बदहवास[1] आए बहुत

1 घबराए हुए

जिसको कहते हुए तक्लीफ़ बहुत होती है
मेरे उस शे'र की ता'रीफ़ बहुत होती है

होने ही वाला था किसी बुत[1] से मिरा विसाल[2]
कमबख़्त इक मुबल्लिग़-ए-इस्लाम[3] आ गया

1 मूर्ति, मा'शूक़ 2 मिलन 3 इस्लाम का प्रचारक

वही पानी जो नहलाता है उस ख़ुशबू-बदन को
नमाज़ों के लिए उससे वज़ू[1] हमने किया है

1 नमाज़ के लिए बदन का पाक करना

मुझे मौसम की ख़ुश्की[1] से परेशानी नहीं होती
मिरी आँखों में मेरे इ'श्क़ की बरसात ज़िन्दा है

1 सूखापन

हमारे सारे बुज़ुर्गों ने खाए हैं ये तीर
सो हम भी चल के उन आँखों के तीर खाते हैं

क्यों इतनी तल्ख़[1] लगने लगी है मुझे शराब
क्या मयकदे[2] में कोई मुसलमान आ गया

1 कड़वा 2 शराब-ख़ाना

मुझ पे खुलती ही नहीं और किसी की आग़ोश[1]
इस तरह बन्द हुआ हूँ मैं तिरी बाँहों में

1 आलिंगन

मेरा बदन तो मेरे कहे में नहीं रहा
गर हो सके तो अपने बदन को लगाम दो

इक बुत चला रहा है अब दफ़्तर-ए-मोहब्बत
छुट्टी पे चल रहा है इस्लाम मुद्दतों से

आप इसे झूठ समझिए तो समझते रहिए
ऐसे नश्शे में ही हो सकता है इक सच्चा शे'र

वहियाँ[1] उतारने में लगे थे सब आस्माँ
नाफ़िज़[2] किसी ख़ुदा की शरीअ'त3 अभी न थी

1 ईश्वरीय-संदेश 2 लागू 3 क़ानून

मस्जिदों में से अज़ानों की सदाएँ आना
और मयख़ाने में उस वक़्त ख़ुदा का होना

मिरे वुज़ू के लिए मेरा आब[1] ले कर आओ
अज़ान होने लगी है शराब ले कर आओ

1 पानी

कुफ़्र[1] अब भी है तिरे वास्ते ईमान की ज़िद[2]
ऐ ख़ुदा तेरे ख़यालात[3] पुराने हैं बहुत

1 ख़ुदा का इन्कार 2 उलटा, विरोध 3 विचार

कितनी मौतें आ नहीं पाईं मुक़र्रर[1] वक़्त पर
कितनी ज़िन्दगियाँ इसी ताख़ीर से ही ज़िन्दा हैं

1 तय

ये तिरी बज़्म-ए-बदन यूँ तो नहीं चल सकती
एक शब ही के लिए इसकी निज़ामत[1] मुझे दे

1 संचालन

लगा सका न कहीं भी ये कारख़ाना-ए-शहर
बचा के ले गई हमको हमारी बे-हुनरी

देखते बादल से बारिश तक सफ़र तक्लीफ़ का
तुम मिरी आँखें अगर रोने से पहले देखते

जो तेरी शीशा-तनी[1] पर ख़राश आई मिरी
मुआ'फ़[2] कर कि ये कोशिश थी इब्तिदाई[3] मिरी

1 जिस्म का शीशा होना 2 क्षमा 3 आरंभिक

मैं अपने ख़ून से कब तक लिखूँगा ख़त उसको
कि अब तो सूखती जाती है रौशनाई मिरी

पहलू में ज़िन्दगी मिरी मौत मिरी निगाह में
दोनों ये बहनें एक साथ अब हैं मिरे निकाह[1] में

1 विवाह-बंधन

ज़माने भर के मीठे बोल रख दो एक जानिब[1]
न ठहरेंगे तुम्हारी एक गाली के बराबर

1 ओर

इ'श्क़ में पहला बोसा[1] होता है आग़ाज़-ए-हयात[2]
दूसरे बोसे के पहले मर जाना होता है

1 चुंबन 2 जीने की शुरूआ'त

मैं कुफ़्र कर रहा हूँ ख़ुदा से डरे बग़ैर
जन्नत कहाँ मिलेगी जहन्नुम भरे बग़ैर

मैंने इक ख़्वाब की दीवार उठा रक्खी है
कि मिरे दिन में न आ पाएँ मिरी रात के लोग

सख़्त बोह्‌रान-ए-सियासी[1] में पड़ा है मिरा इ'श्क़
शह्‌रियत[2] दश्त की है शह्‌र का बाशिन्दा3 है

1 राजनैतिक संकट 2 नागरिकता 3 निवासी

मिट्टियों के न हवाओं के असर में हम हैं
फिर कहाँ हैं कि न घर में न सफ़र में हम हैं

तेरी आँखें ही बहा ले गईं हमको शायद
अब सुना है कि तिरे दीदा-ए-तर[1] में हम हैं

1 भीगी आँखें

मैं तो अपनी ख़ाक[1] की सादा-लिबासी में मगन
कौन मुझपर फेंकता रहता है छींटे ख़ून के

1 मिट्टी

कौन जाने कब तिरी जानिब[1] की गाड़ी आ लगे
हर घड़ी रहता हूँ दरवाज़े पे बिस्तर बाँध कर

1 ओर

इक तुम ही नहीं तुमसे हैं कितने ही यहाँ और
अब शहर में फिरते हैं हज़ारों दिल-ओ-जाँ और

हमने जुनूँ[1] करना सीखा उन जंगल आँखों में
वर्ना इतनी अ'क़्ल कहाँ इन मोहमल[2] आँखों में

1 इ'श्क़, दीवानगी 2 अर्थहीन

ये सब है उसकी आँखों के हंगामों का फ़ैज़[1]
पहले कब थी अब है जितनी हलचल आँखों में

1 उपकार

कैसा सफ़र है मैंने क़दम तो उठा लिया
लेकिन कभी ज़मीन पे रक्खा नहीं गया

दरिया भटक रहा था दुखों का इधर-उधर
ख़ाली पड़ी हुई मिरी आँखों में भर गया

अपनी मस्जिद तो है क़ब्ज़े में मुसलमानों के
चल के बुतख़ाने[1] में अब जिक्र-ए-ख़ुदा[2] करते हैं

1 मंदिर, शिवाला 2 ख़ुदा की याद, ख़ुदा की माला जपना

इसीलिए तो इसे रेज़ा-रेज़ा[1] कर डाला
ये जिस्म हमको मिला था बना बनाया हुआ

1 चूर-चूर कर देना

अब इस क़दर भी न बढ़ वहदत-उल-वजूदी[1] में
बराए-वस्ल[2] कहीं कुछ तिरे सिवा भी तो हो

1 ख़ुदा के सिवा कुछ मौजूद नहीं की आस्था 2 मिलन के लिए

मैं के तुम होने की सूरत नहीं पैदा कर पाए
हम कभी इतनी मोहब्बत नहीं पैदा कर पाए

ख़्वाब पैदा किए ता-उ'म्र पर इन ख़्वाबों से
इक ज़रा सी भी हक़ीक़त[1] नहीं पैदा कर पाए

1 सच्चाई

करती नहीं क़ुबूल कोई मादर-ए-ज़मीं[1]
दुनिया में फिर रहे हैं हम अपनी जड़ें लिए

1 मातृ भूमि

चादर पे इक भी दाग़ नहीं क्या अ'ज़ाब[1] है
इक उ'म्र हो गई है कि हैं जस के तस पड़े

1 मुसीबत

पाँव के छाले बहुत हुश्यार होते जा रहे हैं
राह के काँटे अब उनके यार होते जा रहे हैं

अह्ल-ए-शराब[1] झूम कर उट्ठे नमाज़ के लिए
उड़ गए मस्जिदों के होश तर्ज़-ए-अज़ाँ[2] बदल गई

1 शराब पीने वाले 2 अज़ान का तरीक़ा

फ़लक[1] पर कोई नूरानी[2] ख़ला[3] होता तो मिल जाता
चलो वापस कहीं कोई ख़ुदा होता तो मिल जाता

1 आस्मान 2 रौशन, उज्जवल 3 अन्तरिक्ष

मोहब्बत रहम खा कर जिसको ज़िन्दा छोड़ देती है
उसे मुर्दा समझ कर सारी दुनिया छोड़ देती हैं

इतना भी इम्तिहान-ए-बदन मेरी जाँ नहीं
चलती रहेगी और कहाँ तक ये हाँ नहीं

या मिरी आँखों में रंग-ए-बे-हयाई[1] बढ़ गया
या ये दुनिया कुछ ज़ियादा ही कमीनी हो गई

1 बेशर्मी

जाहिल मुअज़्ज़िनों[1] को कोई किस तरह बताए
जब हो नमाज़-ए-वस्ल तो कोई अज़ाँ नहीं

1 अज़ान देने वाले

मैंने पढ़ा तहत में शे'र मुझको उठा दिया गया
जान-ए-मुशाइ'रा बना शे'र जो गा दिया गया

कितना ख़याल है तुम्हें दिन के मुआ'मलात1 का
तुमको हमारी रात का कोई ख़याल ही नहीं

1 काम

मेरी हवा-ए-कुफ़्र[1] का सारा मज़ा चला गया
छोड़ के अपना राज-पाट जब से ख़ुदा चला गया

1 ख़ुदा को न मानने का घमंड

क्या कहते हो इक मुद्दत से तुमने पीना छोड़ दिया है
इसका तो बस ये मत्लब है तुमने जीना छोड़ दिया है

घर किराए-दारों के क़ब्ज़े में है सारा हमारा
हम तो बस घर के दर-ओ-दीवार होते जा रहे हैं

ये सब मा'शूक़ कुछ बातें बहुत जल्दी समझते हैं
हमारी हर निगह[1] को वस्ल की अ'र्ज़ी[2] समझते हैं

1 नज़र 2 आवेदन

हमारा ज़िन्दा होना और मरना एक जैसा है
हम अपने यौम-ए-पैदाइश[1] को भी बरसी समझते हैं

1 जन्मदिन

कासा-ए-हिज्रत[1] हैं जब तक भर नहीं जाएँगे हम
चाहे जितना भी बुलाए घर नहीं जाएँगे हम

1 अपना देश त्यागने वालों का कटोरा/भिक्षा पात्र

बस यही होगा कि जीना छोड़ देंगे ता-हयात1
तुम न आओगे तो कोई मर नहीं जाएँगे हम

1 जीवन भर

ज़मीं के आइने को आस्मानी करने आती है
मोहब्बत हर हक़ीक़त[1] को कहानी करने आती है

1 सच्चाई

आवाज़ का मकाँ भी रहता है चुप हमारा
बुनियाद[1] तो बिलाख़िर[2] तन्हाई है हमारी

1 नींव 2 आख़िकार

अन्दर-अन्दर मस्जिद की तन्हाई बढ़ती जाती है
बाहर-बाहर जितने लोग नमाज़ी होते जाते हैं

इक दिल था सो वो उसकी अँगूठी में लग गया
हम पास इससे क़ीमती कोई भी शय न थी

मुल्ला को दे दिया है नमाज़ों का सारा काम
ख़ुद को लगा लिया है ख़ुशू-ओ'-ख़ुज़ूअ'[1] में

1 सत्यनिष्ठा, ध्यान में

शे'र थे भर्ती के लेकिन क़ाफ़िए में आ गए
हम तो यूँही उस ग़ज़ल के रास्ते में आ गए

सरगर्म[1] एक साथ हैं अबके जुनून-ओ-अ'क़्ल
सहरा[2] को शह्र शह्र को सहरा किए हुए

1 क्रियाशील 2 रेगिस्तान

जबीं[1] झुकाऊँ कहाँ अब कहीं ख़ुदा भी तो हो
मैं चाहता हूँ जिसे उसका सामना भी तो हो

1 ललाट

कोई आँसू कोई पानी कोई पीता है लहू
तिश्नगी[1] सब की अलग अपना मज़ा चाहती है

1 प्यास

अन्दर के हादिसों[1] पे किसी की नज़र नहीं
हम मर गए हैं और हमें इसकी ख़बर नहीं

1 घटनाओं

पारसाओं[1] के लिए वज्ह-ए-ख़राबी[2] हैं बहुत
हम शराबी हम कबाबी हम शबाबी[3] हैं बहुत

1 धर्म के अनुरूप चलने वाला 2 ख़राबी का कारण 3 जवानी से भरपूर

सहरा[1] से भी ज़ियादा सहरा बना लिया है
दीवानगी को हमने घर में बसा लिया है

1 रेगिस्तान

मैं के तुम होने की सूरत नहीं पैदा कर पाए
हम कभी इतनी मोहब्बत नहीं पैदा कर पाए

अपने इस होने पे कीजे ग़ौर[1] कुछ
आप हो सकते हैं क्या-क्या और कुछ

1 चिन्तन

आई थी पहले भी लेकिन ये जो अब आई है
साथ में तेरे, वो तन्हाई सी तन्हाई है

बदन में आ के हम इन्सान हो गए वर्ना
बदन बग़ैर हमें सब ख़ुदा समझते थे

शह्र का शह्र हमें देख रहा हो जैसे
इतने सूराख़[1] हमारे दर-ओ-दीवार[2] में हैं

1 छेद 2 दरवाजे और दीवार

हम अपने आप पे तेशा[1] चलाते रहते हैं
कि जू-ए-शीर[2] जो है कोहकन[3] के अन्दर है

1 कुदाल 2 दूध की नह्र 3 पहाड़ काटने वाला, फ़रहाद

मोहब्बत तो हमेशा ख़्वाब की सूरत ही आती है
जिसे हम उ'म्र भर अपनी हक़ीक़त करते रहते हैं

अपने ख़िलाफ़[1] जंग का ए'लान कर दिया
इस जिस्म ने तो मुझको परेशान कर दिया

1 विरुद्ध

देखा जो हमने चाक-गरेबानियों[1] का हश्र[2]
फिर चाक को पलट के गरेबान कर दिया

1 दीवानगी, गरेबान फटा होना 2 नतीजा

शह्र रक्खेगा हमें यूँही जो तन्हा कर के
हम भी रख देंगे किसी दिन उसे सहरा[1] कर के

1 रेगिस्तान

हमको इस ज़ख़्म का मरहम नहीं लेना तुमसे
ख़ुद ही दिखलाएँगे इक दिन इसे अच्छा कर के

और दुश्वार[1] बना सकते हैं दुश्वार को हम
लेकिन आसान को आसान नहीं कर सकते

1 कठिन

एक बुत के भी बराबर नहीं अहलिय्यत-ए-कुफ़्र[1]
हम तुम्हें दाख़्ल-ए-ईमान[2] नहीं कर सकते

1 काफ़िर होने की क्षमता 2 ईमान के दाएरे में लाना

चेहरों पे था जो पर्दा वो अब दिल पे पड़ गया
महबूब हर तरफ़ हैं मोहब्बत कहीं नहीं

ख़ुद को मुशाइ'रे में बेजान कर के लाओ
कहते हैं शाइ'री को आसान कर के लाओ

बैठी है अब मोहब्बत मालिक-मकान बन के
किसने कहा था इसको मेहमान कर के लाओ

सबमें शुमूलियत[1] के साथ सबसे जुदा किए हुए
मुझमें है कौन मेरे साथ अ'हद-ए-वफ़ा[2] किए हुए

1 शामिल होना 2 वफ़ादारी का प्रण

तेरी आँखों ही पे हैं शह्र की सारी आँखें
शह्र है शादीशुदा और तिरी कँवारी आँखें

बदन तो मर्द है मेरा पर आँखें औ'रती हैं
सो रास आती है हर वो शय ज़नाना-पन हो जिसमें

फ़स्ल-ए-बहार[1] तेग़-ए-ख़िज़ाँ[2] से उतार के
अह्ल-ए-जिहाद[3] आए हैं बच्चों को मार के

1 वसंत ऋतु 2 पतझड़ की तल्वार 3 जिहाद वाले

ये हर गुनाह पे धमकी अ'ज़ाब-ए-दोज़ख़[1] की
हिस-ए-मिज़ाह[2] तो अल्लह मियाँ में है ही नहीं

1 नर्क की पीड़ा 2 हास्यबोध

दरिया अगर था लफ़्ज़[1] तो मा'नी[2] किनारा था
और वो भी सिर्फ़ एक ज़रा-सा इशारा था

1 शब्द 2 अर्थ

तहरीर[1] पर भी मैं था प सारा कटा-पिटा
तहरीर में भी मैं था प सारे का सारा था

1 लिखावट

चारों जानिब[1] था ख़िज़ाओं का हुजूम[2]
मुझको खिलना था तो मैं खिल के रहा

1 ओर 2 भीड़

उलझे-उलझाए उसी ज़ुल्फ़-ए-गिरहगीर[1] के हैं
फ़रहत एहसास भी अब मीर तक़ी मीर के हैं

1 उलझाने वाली ज़ुल्फ़

आस्माँ पर भी कहीं ज़लज़ला[1] आया हुआ है
हम जो ज़द[2] पर किसी गिरती हुई ता'मीर[3] के हैं

1 भूकंप 2 निशाने पर 3 इ'मारत

दुनिया से इक मुआ'हिदा[1] करने चला था मैं
बस ऐ'न वक़्त पर ही तिरा ख़्वाब आ गया

1 समझौता

दरिया-ए-पुर-सुकून[1] था कल रात वो बदन
मेरे ज़रा सा छूते ही सैलाब आ गया

1 शांत नदी

दस्तख़त[1] अपने किए हमने तिरी पलकों पर
आज से ये तिरी आँखें हैं हमारी आँखें

1 हस्ताक्षर

अब मेरे हाथ में जो ये दामन है यार का
क्या सच में साथ छूट गया इन्तिज़ार का

अपने बदन को हमने मुसल्ला[1] बना लिया
उसके बदन को लाइक़-ए-सज्दा[2] बना लिया

1 जिस पर नमाज़ पढ़ी जाती है 2 सज्दे के लायक़

मेरी सदा-ए-शब[1] पे ये इतने सवाल क्यों
मैंने तो बस जवाब दिया था पुकार का

1 रात की पुकार

जिस्म हिन्दी है मिरा रूह है हिंदू मेरी
हर तरफ़ फैल रही है युँही ख़ुश्बू मेरी

हमारे जैसा भी इस शहर में तो कोई नहीं
तुम्हारे जैसा नहीं कोई गर[1] ज़माने में

1 अगर

कश्ती-ए-हिज्र[1] में तब्दील हुई कश्ती-ए-वस्ल[2]
और दरिया-सा रवाँ हो गया सहरा मेरा

1 विरह की नाव 2 मिलन की नाव

वो बू-ए-गुल[1] तो ज़रा देर ही चमन में रही
फिर इसके बा'द हमेशा मिरे बदन में रही

1 फूल की ख़ुश्बू

समाअ'तों[1] में बहुत शोर भर दिया गया है
मुशाइ'रों को भी बाज़ार कर दिया गया है

1 सुनने की शक्ति

मिले सवाब[1] भी और पाँव भी न ज़ख़्मी हों
ख़ुदा के नाम को पापोश[2] कर लिया हमने

1 पुण्य 2 जूती

मैं शाइ'री में ख़ुदा से झगड़ के आया हूँ
मिरे अ'ज़ीज़ो[1] मिरे काफ़िरो मदद को आओ

1 प्यारे, सगे-संबंधी

सुनो एहसास साहब इ'श्क़ करने लग गए हैं
गए थे ज़िन्दा होने और मरने लग गए हैं

नहीं है कोई भी सानी[1] तुम्हारा किससे करें
करें ये इ'श्क़ अगर हम दोबारा किससे करें

1 अपने जैसा दूसरा

अ'जीब आब-ए-रवाँ[1] हैं हमारे सब मा'शूक़
गले लगाऐं किसे हम किनारा किससे करें

1 बहता पानी

हम अक्सर अपने मा'शूक़ों की सूरत भूल जाते हैं
फ़साना याद रहता है हक़ीक़त भूल जाते है

किसी कली किसी गुल[1] में किसी चमन[2] में नहीं
वो रंग है ही नहीं जो तिरे बदन में नहीं

1 फूल 2 बाग़

बदन है शादीशुदा और रूह बेवा[1] है
सो काम रूह का अपने बदन की सेवा है

1 विधवा

ज़रा-ज़रा सा हर इक साँस काटती है हमें
ये ज़िन्दगी की हवा ही तो जान-लेवा है

पूरी तरह से मर तो मुझे लेने दीजिए
ये जल्सा-ए-ख़िराज-ए-अ'क़ीदत[1] अभी नहीं

1 श्रद्धांजलि सभा

ई'द के वस्ल की तम्हीद[1] के बा'द आते हैं
अपने रमज़ान मियाँ ई'द के बा'द आते हैं

1 भूमिका

करें भी क्या कि हमारे लहू पे पलते हैं
ये ज़ख़्म जाते नहीं बस जगह बदलते हैं

ख़त्म होती नहीं ता'मीर[1] कभी सहरा की
शह्र सब बनते ही मिस्मार[2] हुए जाते हैं

1 बनना 2 ध्वस्त, तबाह

आज नाकाम पलट आए हैं दरिया हो कर
अब तिरे शह्र पे हम आएँगे सहरा हो कर

शह्र के शोर की गहराई में जा कर अक्सर
अपने खोए हुए नग़मात[1] सुने हैं मैंने

1 गीत

इ'श्क़ का एक बड़ा सिलसिला रुहानी[1] भी है
हाँ मगर उससे तवक़्क़ो'[2] हमें जिस्मानी[3] भी है

1 अध्यात्मिक 2 अपेक्षा 3 शारीरिक

हमको समझाया गया है कि ये दुनिया है सराब[1]
हमसे प्यासों को इसी में ही कहीं पानी भी है

1 मृगतृष्णा

मुझको मा'लूम नहीं उसको ख़बर है कि नहीं
उससे जो कुछ भी नहीं चाहते क्या चाहते हैं

आँखें बदल के देखिए शायद कि नींद आए
अब तक तो आप सैकड़ों बिस्तर बदल चुके

जितने हैं उससे बहुत कम नज़र आते हैं हम
फिर भी क्या कम है कि कुछ हम नज़र आते हैं हम

ज़ख़्म[1] से लगते हैं मरहम के दुकाँ-दारों को
और जो हैं ज़ख़्म उन्हें मरहम नज़र आते हैं हम

1 घाव

लफ़्ज़[1] जब तक आप अपने ख़ूँ में तर होता नहीं
मा'र्का[2] मा'नी[3] का तब तक कोई सर[4] होता नहीं

1 शब्द 2 लड़ाई 3 अर्थ 4 जीतना

मोहब्बत कर चुका हूँ अब मोहब्बत हो रहा हूँ मैं
इसी अब तक की मेहनत की बदौलत हो रहा हूँ मैं

वजूद[1] कुछ भी नहीं तो अ'दम[2] भी कुछ भी नहीं
और इसके बा'द ख़ुशी और ग़म भी कुछ भी नहीं

1 अस्तित्व 2 न होना

ये दोनों लफ़्ज़ बदन की लुग़त[1] में हों तो हों
अगर नहीं हैं तो फिर तुम भी हम भी कुछ भी नहीं

1 शब्दकोश

मगर हम अपनी हिफ़ाज़त[1] में ज़ाए'[2] होते रहे
हमें अगरचे[3] मयस्सर[4] थे हादिसे भी बहुत

1 सुरक्षा 2 व्यर्थ 3 हालाँकि 4 उपलब्ध

दुनिया की महफ़िलों का अ'जब हाल है कि हम
शादी में भी शरीक हुए ता'ज़ियत[1] भी की

1 शोक व्यक्त करना

हमें भी रूह[1] के नग़मात[2] हैं पसन्द मगर
हम उनको जिस्म[3] के बाजे पे गाना चाहते हैं

1 आत्मा 2 गीत 3 शरीर

और लोगों को नज़र आती हैं बस ता'बीरें[1]
फ़रहत एहसास को बस ख़्वाब नज़र आता है

1 ख़्वाब का नतीजा / अर्थ

उस जगह से कि गुज़रता है जहाँ मेरा जुलूस
आस्माँ फ़त्ह[1] की महराब नज़र आता है

1 जीत

हर बात पे क्यों मारते हो हाथ लुग़त[1] पर
मा'नी के लिए लफ़्ज़ को रुस्वा[2] नहीं करते

1 शब्दकोश 2 बे-इ'ज़्ज़त

रहता हूँ अब भी जान बचाने की फ़िक्र[1] में
पूरी तरह मैं अब भी दिवाना नहीं हुआ

1 चिन्ता

इक सिम्त[1] से भरता चला जाता है मुझे शह्र
ख़ाली हुआ जाता हूँ मैं सहरा की तरफ़ से

1 ओर

जो हो चुका था सब उसके लिए परेशाँ थें
और उसकी फ़िक्र नहीं थी जो होने वाला था

ठहरा हुआ था दरिया और बह रहा था साहिल
इस वस्ल[1] से तो सच-मुच हैरान हो गए हम

1 मिलन

जंगल हमारा मुर्शिद[1] रखता था तर्बियत[2] में
जंगल से शह्र आ कर हैवान हो गए हम

1 पीर, धर्मगुरू 2 दीक्षा

मैं दरिया ही में उतरा था मगर ऐसा नहीं था
वहाँ पानी ही पानी था कहीं दरिया नहीं था

हम अबकी बार जो उसके जुनूँ में आए हैं
ये कोई इ'श्क़ नहीं जिस्म की सियासत[1] है

1 राजनीति

चला वो घर से तो लाशों पे लाश गिरने लगी
ये क़त्ल-ए-आ'म[1] तो उसकी गली की आ'दत है

1 नर-संहार

फ़रहत एहसास को पहरे पे बिठा रक्खा है
इस तरफ़ एक भी नक़्क़ाद[1] न आने पाए

1 आलोचक

इस गुमाँ[1] में हैं कि कट जाएगी ये शह्र की भीड़
हम जो तन्हाई की तल्वार लिए फिरते हैं

1 भ्रम

हम घर बनाना चाहते थे घर नहीं बना
और घर के नाम पर दर-ओ-दीवार हैं बहुत

ख़ालिस कोई अ'क़ीदा[1] मिरे काम का नहीं
ईमान-ओ-कुफ़्र एक में इक साथ चाहिए

1 आस्था

वो चाहते हैं ख़ुदा हो तो क़ैद-ए-मज़हब में
मैं चाहता हूँ ख़ुदा ग़ैर-मज़हबी हो जाए

बदल गया था अगर मौत का मक़ाम[1] और वक़्त
तो ख़ुदकुशी को ये पहले बताना चाहिए था

1 जगह

काफ़िर[1] नहीं हम ऐसे जैसे हैं अह्ल-ए-ईमाँ
कुछ रौशनी मिली तो इस्लाम भी करेंगे

1 ख़ुदा का इन्कार करने वाला

जो ज़िन्दगी नहीं मेरी मिरी हवा क्यों हो
मैं जिसका बन्दा नहीं वो मिरा ख़ुदा क्यों हो

बहुत ज़ियादा ख़ुशी चाहते हैं हम एहसास
और इसके बा'द बहुत सा मलाल[1] चाहते हैं

1 दुख

मैं हालत-ए-नमाज में रहता हूँ हर घड़ी
क्या जाऊँ पाँच वक़्त के अह्ल-ए-नमाज़[1] में

1 नमाज़ पढ़ने वाले

और लोगों के लिए ग़ैर-ज़रूरी है जो चीज़
बस वही चीज़ बहुत मेरी ज़रूरत की है

अब कभी भी किसी महफ़िल में नजर मत आना
फ़रहत एहसास क़सम है तुम्हें तन्हाई की

बस जहाँ बन्दे भी हम और ख़ुदा भी हम थे
हर नमाज़ अपनी अकेले में अदा हमसे हुई

इ'श्क़ ने दी है हुकूमत[1] हमें तन्हाई की
हम भरी बज़्म[2] में दरबार नहीं कर सकते

1 शासन 2 महफ़िल

हम अपने आप पर भी करें कैसे ए'तिबार[1]
लाख आदमी हैं फिर भी मुसलमान भी तो हैं

1 ईमान वाला

करते हैं कुफ़्र[1] अपने बुतों से वफ़ा के साथ
काफ़िर सही प साहिब-ए-ईमान भी तो हैं

1 ख़ुदा का इन्कार

मस्जिद तो इक ज़रा सी थी बोतल शराब की
तन्हा पढ़ी नमाज़ मुकम्मल शराब की

हमें रवा[1] नहीं पी कर शराब खाना खाएँ
शराब पीने दें हमको जनाब खाना खाएँ

1 उचित

कब तक करें मोहब्बत हम तर्जुमे[1] के बल पर
वो तो ज़बान-ए-दिल भी परदेसी बोलते हैं

1 अनुवाद

इतनी चालाकी न कीजे सादा-दिल[1] ज़ख़्मों के साथ
कीजिए चारागरी[2] कारीगरी मत कीजिए

1 भोले-भाले 2 इ'लाज

हम शराबों के तसव्वुर[1] के नशे में धुत हैं
इस क़दर ज़िक्र सुना करते हैं मयख़ानों के

1 कल्पना

सब बुतों सारे ख़ुदाओं को हटा कर देखो
ख़ुद को, इन सारी बलाओं को हटा कर देखो

इतनी बढ़-चढ़ कर ये बातें मदभरी मत कीजिए
आप हमसे इस क़दर जादूगरी मत कीजिए

फ़रहत एहसास को जी भर के पिया है ऐसा
ज़िन्दगी भर नहीं आएँगे कभी होश में हम

हमें है तौहीद[1] से मोहब्बत इ'लाक़ा[2] भी शिर्क[3] से बहुत है
बुतों के चेहरों की रौशनी से ज़ुहूर-ए-इस्लाम[4] कर लिया है

1 एक ही ईश्वर को मानना 2 संबंध 3 ख़ुदा के साथ किसी और की पूजा करना 4 इस्लाम ज़ाहिर करना

मुझे जीने को जो दिया गया वो था पहले ही से जिया हुआ
मिरी नान[1] खाई हुई सी है मिरा आब[2] भी है पिया हुआ

1 रोटी 2 पानी

मिरे चश्म-ओ-लब[1] मिरे दस्त-ओ-पा[2] को भी रोज़गार कोई मिले
मैं बने हुए को बनाऊँ क्या करूँ कैसे जो है किया हुआ

1 आँख और होंट 2 हाथ-पाँव

उसने पूछा इ'श्क़ क्या होता है और मैं चुप रहा
उसने फिर पूछा तो बोसा-बन्द[1] कर के चुप किया

1 चुम्बन से बन्द करना

जब देखो मस्जिद से आते या जाते मिलते हो तुम
जाने क्यों मुझको ये सब औबाशी[1] जैसा लगता है

1 बदमआ'शी, आवारगी, कमीना-पन

हमेशा के लिए अल्लह-तआ'ला[1] अब ख़ुदा-हाफ़िज़[2]
जमीं पर तो कभी अब आपका आना नहीं होगा

1 सबसे बड़ा 2 ख़ुदा रक्षा करे

मिरी मोहब्बत में सारी दुनिया को इक खिलौना बना दिया है
ये ज़िन्दगी बन गई है माँ और मुझको बच्चा बना दिया है

बराए मश्वरा[1] ख़ुदा से अगले क़त्ल-ए-आ'म[2] का
जिहाद कर के आए ए'तिकाफ़[3] में चले गए

1 सलाह 2 नर-संहार 3 अकेले में इ'बादत करना

फिर उन बुतों को जोड़ कर मस्जिद बनाई आपने
वो बुत कि जिनको तोड़ कर आए थे आप इस्लाम तक

दोनों किर्दारों को मरना या पस्पा[1] होना पड़ता है
आख़िर पस-मन्ज़र[2] ही बच रहता है प्रेम-कहानी में

1 हारना 2 पृष्ठ भूमि

बिछड़ के तुझसे जो दिन रात ग़ुल मचाता है दिल
कहाँ के सुख थे इसे इस मलाल से पहले

मस्जिद अज़ाँ देती हुई अक्सर डराती है बहुत
फिर देर तक कुछ आस-पास अच्छा नहीं लगता मुझे

बहुत रोता है नापाकी[1] पे अपनी शहर का दरिया
तो हम पानी में एक आँसू का कतरा[2] डाल देते हैं

1 अपवित्रता 2 बूँद

न जाने कौन याद आ जाता है दौरान-ए-वस्ल[1] उसको
उसे हर शब मुझे आधा जला कर जाना आता है

1 मिलन के समय

हिज्र-ओ-विसाल[1] चराग़ हैं दोनों तन्हाई के ताक़ों[2] में
अक्सर दोनों गुल[3] रहते हैं और जला करता हूँ मैं

1 जुदाई और मिलन 2 दीवार में बनी ख़ाली जगह 3 बुझा होना

इम्तिहान-ए-इ'श्क़ में पहुँचे तो कुछ भी कर न पाए
क्या समझते थे कि हम माहिर हैं इस मज़्मून[1] के

1 विषय

कपड़े किताबें फाड़ के जंगल की जानिब[1] चल दिए
हम शह्र के हर मस्अले के हल की जानिब चल दिए

1 ओर

बज़्म-ए-समा-ए'-उ'म्र[1] में इक दम भी हाल[2] आया नहीं
निकले इधर इस कल से और उस कल की जानिब चल दिए

1 जीवन के संगीत की महफ़िल में 2 सूफ़ियों का अचानक झूम उठना या नाचना

घर में रह कर भी ये लगता है कि बाज़ार में हैं
हम हर इक लम्हा किसी चश्म-ए-ख़रीदार[1] में हैं

1 ख़रीदने वाले की नज़र में

किसी ज़मीं को न मेरे लिए उजाड़ा जाए
मिरी ग़ज़ल की ज़मीं में ही मुझको गाड़ा जाए

आज अचानक एक दरिया आ गया था मेरे पास
और मेरे पास होंठों का पियाला तक न था

तुमसे पहले तो अकेले ही थे हम
अब तुम्हारे बा'द तन्हा भी हुए

सबने इतना कहा सुना हमको
आख़िर-ए-कार[1] इक कहानी हुए

1 आख़िरकार

पढ़ता मैं नमाज़-ए-इ'श्क़ लेकिन
इस वक़्त मिरा वुज़ू[1] नहीं है

1 नमाज़ से पहले ख़ुद का पाक करना

क्या मोहब्बत दुल्हन-सी आई थी
मुँह दिखाई में जिसने मांगी मौत

कबीर और हम कहाँ मरने को जाएँ
कहीं दुनिया में अब मगहर[1] नहीं है

1 मगध देश

हम न मस्जिद न ख़ानक़ाह[1] के हैं
एक उसी हुस्न-ए-बेपनाह[2] के हैं

1 सूफ़ियों का मठ 2 बहुत ज़ियादा सुंदरता

रौनक़ बढ़ती जाती है दीवार-ओ-दर की
घर अन्दर-अन्दर काले होते जाते हैं

मेरी आँखों को मिल गए अल्फ़ाज़[1]
सारे आँसू लबों[2] से बहने लगे

1 शब्द 2 होंठ, किनारा

बहुत पकड़ा गया तहरीर[1] दे कर
सो अब बातें ज़बानी कर रहा हूँ

1 लिखा हुआ

वो तो बेचारा मेरी वज्ह[1] से था
मैं नहीं हूँ तो फिर ख़ुदा भी नहीं

1 कारण

मेरी बदसूरती मुकम्मल कर
मेरे पहलू में आ हसीन मिरे

कितने ही आस्माँ बरामद[1] हों
इस बदन की अगर खुदाई कराएँ

1 बाहर निकलना

बदन भी मेरा रुहानी[1] नहीं है
अगर ये रूह जिस्मानी[2] नहीं है

1 आत्मिक 2 शारीरिक

बदन पर न रखना ज़रा भी लिबास
हमें रात भर रौशनी चाहिए

बही जाती है उ'म्र आँखों से मेरी
बँधे हैं पाँव किस आब-ए-रवाँ[1] से

1 बहता पानी

बदन और रूह में झगड़ा है इतना
कि हम करते हैं इ'श्क़ अब दर्मियाँ से

इस बुलन्दी[1] पे हुस्न है उसका
इ'श्क़ की साँस फूल जाती है

1 ऊँचाई

मैं जहाँ हूँ वहाँ रक़ीब[1] बहुत
मेरे जैसे ही बद-नसीब[2] बहुत

1 प्रेमिका का दूसरा चाहने वाला 2 अभागे

मेरे अफ़्साने[1] क्यों अ'जीब न हों
वाक़िए'[2] भी तो हैं अ'जीब बहुत

1 कहानियाँ 2 घटनाएँ

एक बोसे के भी नसीब न हों
होंठ इतने भी अब ग़रीब न हों

अगर मैं ख़ूब मस्ती में नहीं हूँ
तो समझो अपनी हस्ती में नहीं हूँ

मज़े क्या हैं इ'बादत में ख़ुदा की
जो मेरी बुत-परस्ती[1] में नहीं हैं

1 मूर्ति पूजा

मेरा ग़ुस्सा भी है वो ग़म भी है
उसको पी जाऊँ मैं कि खाऊँ उसे

मोहब्बत जंग जैसी कर रहे हैं
हम अपनी जान देने पर तुले हैं

नशा छाने लगा है अब मुझपर
बहुत अच्छा हुआ कि सो गए तुम

हवा भी इक तर्ह की नदी है
प फ़र्क़ ये है कि उड़ रही है

जो तेरी रूह में पाकी[1] बहुत है
तो मेरा जिस्म भी ख़ाकी[2] बहुत है

1 पवित्रता 2 मिट्टी का बना

उलझना मत फ़लक-बाज़ी[1] में इससे
मिरी मिट्टी भी अफ़्लाकी[2] बहुत है

1 आस्मान से खेलना 2 आस्मानी

फ़रहत एहसास मर गया मर्दूद[1]
उसकी मय्यत[2] पे फ़ातिहा[3] न दुरूद[4]

1 दुष्ट 2 लाश 3,4 आत्मा की शान्ति के लिए पढ़ जाने वाला कुआन का अंश

ग़ैर-शादीशुदा मिरी आँखें
चाहे जिन मन्ज़रों[1] से रिश्ता करें

1 दृश्यों

सर पे लहराएँ बस तिरी ज़ुल्फ़ें
उनसे किसने कहा कि साया करें

शुक्रिया जो ये लुत्फ़-ए-ख़ास[1] किया
फ़रहत एहसास को उदास किया

1 ख़ास मेहरबानी

बर्हना[1] था तो बस तिरी ख़ातिर
तेरी ख़ातिर ही ये लिबास किया

1 निर्वस्त्र

पहली बरसी है तेरे हिज्र[1] की आज
आँसुओं की झड़ी लगी हुई है

1 जुदाई

अ'रबी में ही क्यों नमाज पढ़ूँ
आ सके तो मिरी ज़बान में आ

मुसलसल[1] जीते-जीते थक गए थे
सो थोड़ी ख़ुदकुशी[2] कर ली है हमने

1 लगातार 2 आत्महत्या

तिरे दरिया को देखा चाहता हूँ
ये सारी जिस्म की काई हटा कर

मैं पढ़ना चाहता हूँ उसका नौहा[1]
लब-ए-दुनिया[2] से शहनाई हटा कर

1 शोक-कविता 2 दुनिया के होंट

छोटा-मोटा तो नुक़्सान उठाया कर
कोई दिन तो दफ़्तर देर से जाया कर

शह्र में इतनी तरक़्क़ी[1] हमने की
आदमी से इक इ'मारत हो गए

1 विकास

बदन को छोड़ कर निकली जो औ'रत
उसी ख़ाली जगह मर्द आ गया है

तुम दुनिया के बाहर थोड़ी देर रुको
मैं अन्दर झगड़ा निमटा कर आता हूँ

सुन कर अक्सर दुनिया वालों की चीख़ें
दूध उतर आता है मेरे सीने में

बुलबुल-ओ-गुल[1] बाग़बाँ[2] सय्याद[3] सब
अब हमारे घर के हैं अफ़राद[4] सब

1 फूल 2 माली 3 चिड़ियों को पकड़ने वाला 4 लोग

ज़िन्दगी दरिया समुन्दर मौत है
इस मुसाफ़िर के लिए घर मौत है

ये किन लोगों की सोहबत[1] में पड़ा हूँ
नमाज़-ए-बा-जमाअ'त[2] पढ़ रहा हूँ

1 सानिध्य 2 सामूहिक नमाज़

ठहरता ही नहीं आब-ए-मोहब्बत[1]
बदन हूँ या कोई चिकना घड़ा हूँ

1 मोहब्बत का पानी

बीन बजने लगी तन्हाई की
फिर वही साँप बदन से निकला

BOOKS

रेख़्ता बुक्स के प्रकाशन

देवनागरी

1. क़श्क़ा खींचा दैर में बैठा	फ़रहत एहसास
2. अब मैं अक्सर मैं नहीं रहता	अनवर शुऊ'र
3. मौसम इतना सर्द नहीं था	ज़ुल्फ़िक़ार आ'दिल
4. खिड़की तो मैंने खोल ही ली	शारिक़ कैफ़ी
5. ग़ज़ल उसने छेड़ी (खंड 1,2,3,4,5,6)	संकलनः फ़रहत एहसास
6. गुलदस्ता-ए-क़व्वाली (खंड 1,2)	संकलनः सुमन मिश्र
7. सुब्ह-बख़ैर ज़िन्दगी	अमीर इमाम
8. अकेलेपन की इन्तिहा	जमाल एहसानी
9. सभी रंग तुम्हारे निकले	सालिम सलीम
10. तिरी सदा का इन्तिज़ार	ख़लीलुर्रहमान आ'ज़मी
11. इक शाम तुम्हारे हिस्से की	काशिफ़ ग़ाइर
12. रौशनी जारी करो	मनीष शुक्ला
13. लिफ़ाफ़े में रौशनी	मोहम्मद अ'ल्वी
14. होशियारी दिल-ए-नादान बहुत करता है	इ'रफ़ान सिद्दीक़ी
15. मिट्टी की सुंदरता देखो	सर्वत हुसैन
16. रेख़्ता उर्दू लर्निंग गाइड (अंग्रेज़ी, हिन्दी)	प्रो० अब्दुर रशीद
17. आख़िरी इ'श्क़ सबसे पहले किया	नो'मान शौक़
18. शाम के बा'द कुछ नहीं	शाहीन अ'ब्बास
19. गुलशन (उर्दू, देवनागरी)	मुज़्तर ख़ैराबादी
20. मोहब्बत जब नहीं होगी	आफ़्ताब हुसैन
21. किताब गुमराह कर रही है	शहराम सरमदी
22. जिस्म का बर्तन सर्द पड़ा है	अमीर हमज़ा साक़िब
23. ग़ज़ल का शोर	ज़फ़र इक़बाल
24. क़ाफ़िला-ए-नौ-बहार	संकलनः विकास शर्मा 'राज़'

25. मौजूद की निस्बत से	महेन्द्र कुमार सानी
26. दुख नए कपड़े बदल कर	शारिक़ कैफ़ी
27. लफ़्ज महफ़ूज़ कर लिए जाएँ	आ'सिम वास्ती
28. मोहब्बत करके देखो ना...	फ़रहत एहसास
29. उदासी बाल खोले सो रही है	नासिर काज़मी
30. मुझ पर मेरा साया पड़ गया	भारत भूषण पंत
31. रेख़्ता के जौक़	संकलनः फ़रहत एहसास
32. रेख़्ता के दाग़	संकलनः फ़रहत एहसास
33. इ'श्क़	मोई'द रशीदी
34. फिर मुझे नींद आ गई	रईस फ़रोग़
35. हिज्र की दूसरी दवा	फ़हमी बदायूनी
36. 100 शाइ'र 100 ग़ज़लें	संकलनः फ़रहत एहसास
37. उदास लोगों का होना बहुत ज़रूरी है	तर्कश प्रदीप
38. रेख़्ता के नज़ीर	संकलनः फ़रहत एहसास
39. लॉकडाउन के दौरान मौत का जिन्दगी-नामा	प्रज्ञा शर्मा
40. गंजे फ़रिश्ते	सआ'दत हसन मंटो
41. मौत की किताब (नॉवेल)	ख़ालिद जावेद
42. सूरजमुखी का फूल	दिलावर अ'ली आज़र
43. ख़ामुशी रास्ता निकालेगी	धीरेन्द्र सिंह फ़य्याज़
44. रेख़्ता के मोमिन	संकलनः फ़रहत एहसास
45. रेख़्ता के आतिश	संकलनः फ़रहत एहसास
46. हमसे क्या हो सका मोहब्बत में	फ़िराक़ गोरखपुरी
47. शीशा-घर में तोड़-फोड़	संकलनः डॉ. मज़हर अहमद
48. रेख़्ता के इन्शा	संकलनः फ़रहत एहसास
49. अगर मैं शे'र न कहता	अ'ब्बास ताबिश
50. नुमाइन्दा कहानियाँ मंटो	सआ'दत हसन मंटो
51. नुमाइन्दा कहानियाँ प्रेमचंद	प्रेमचंद
52. नुमाइन्दा कहानियाँ राजिंदर सिंह बेदी	राजिंदर सिंह बेदी
53. उलट-पुलट का रोज़नामचा	पतरस बुख़ारी
54. नुमाइन्दा कहानियाँ कृष्ण चंदर	कृष्ण चंदर

55. उर्दू की प्रसिद्ध कहानियाँ	संकलनः राहुल झा
56. रंगों की मनमानी	वसीम नादिर
57. एक दिया और एक फूल	इ'शरत आफ़रीन

उर्दू

1. औराक़-ए-ख़िज़ानी	अहमद मुश्ताक़
2. आख़िरी पहर की दस्तक	शमीम हनफ़ी
3. वाहिमा वजूद का	सालिम सलीम
4. गुलशन	मुज़्तर ख़ैराबादी
5. आख़िरी किनारे पर	मोई'द रशीदी

अंग्रेज़ी

1. दीवान-ए-ग़ालिब : सरीर-ए-ख़ामा	नजीब जंग
2. लव लॉन्गिंग लॉस इन उर्दू पोएट्री	संजीव सराफ़

संपर्क

रेख़्ता फ़ाउन्डेशन
बी-37, सेक्टर – 1
नोएडा, यू.पी. – 201301